BENEDITO SÉRGIO VIEIRA DE MELO

Manual do devoto do Senhor Bom Jesus

Contemplando o amor e a bondade de nosso Deus

Direção Editorial:
Pe. Marcelo C. Araújo

Coordenação Editorial:
Ana Lúcia de Castro Leite

Copidesque:
Paola Goussain Macahiba

Revisão:
Camila de Castro Sanches dos Santos

Diagramação:
Simone Godoy
Mauricio Pereira

Capa:
Mauricio Pereira

Dados Internacionais de Catalogação na Publicação (CIP)
(Câmara Brasileira do Livro, SP, Brasil)

Melo, Benedito Sérgio Vieira de
  Manual do devoto do Senhor Bom Jesus: contemplando o amor e a bondade de nosso Deus / Benedito Sérgio Vieira de Melo. – Aparecida, SP: Editora Santuário, 2012.

  ISBN 978-85-369-0257-9
  1. Brasil – Usos e costumes religiosos. 2. Igreja Católica – Brasil. 3. Religiosidade. 4. Senhor Bom Jesus – Culto. 5. Sincretismo. (Religião) I. Título.

12-03900   CDD-282.81

Índices para catálogo sistemático:
1. Manual do devoto do Senhor Bom Jesus:
Cristianismo 282.81

Todos os direitos reservados à EDITORA SANTUÁRIO — 2012

 Composição, impressão e acabamento:
Editora Santuário - Rua Padre Claro Monteiro, 342
Fone: (12) 3104-2000 — 12570-000 — Aparecida-SP.

"A caridade de Jesus nos impressiona!
Ele morreu por nós a fim
de que aqueles que vivem não vivam
mais para si, mas para Aquele que por nós
morreu e ressuscitou."
(2Cor 5,14-15)

Sumário

Apresentação	7
1. A devoção à imagem do Bom Jesus	11
2. Santuários e romarias do Bom Jesus	37
3. Devoção e seguimento ao Bom Jesus	45
4. A visita mensal ao Senhor Bom Jesus	49
5. A novena das sextas-feiras: memória da Paixão do Senhor!	57
6. A via-sacra	69
7. Oração de libertação e pedido de graça	87
8. O terço do Bom Jesus Redentor	93
9. A visita ao Santíssimo Sacramento	101
10. Consagração a Nossa Senhora Aparecida, mãe do Bom Jesus	113
11. Orações diante do Bom Jesus	123

12. Os mistérios do Rosário 135
13. Orações dos devotos para todos os dias 141
14. Sinais do amor ao Bom Jesus 155

Apresentação

Com alegria apresentamos o *Manual do devoto do Senhor Bom Jesus*. Trata-se de um pequeno subsídio que colocamos nas mãos dos devotos e romeiros do "Bom Jesus" para ajudar a rezar, louvar e bendizer o nosso Deus, que nos revelou seu imenso amor e bondade na pessoa de seu Filho Amado.

Nasceu da necessidade dos que procuram nos santuários algum material que pudesse orientar as práticas de oração em suas visitas. De nossa observação constatamos que os movimentos nos santuários dedicados ao Bom Jesus também são caracterizados por visitas rápidas e individuais. O devoto passa pelo santuário e sua permanência não é tão extensa. Entra para rezar e quer levar consigo alguma oração para continuar refletindo e rezando em casa! Daí surgiu a ideia deste MANUAL. Ele recolhe algumas reflexões, preces populares e oferece alguns roteiros de oração para quem deseja visitar o Bom Jesus, durante a correria do dia a dia, de forma individual ou comunitária.

A reflexão que nele perpassa procura chamar atenção para a importância do seguimento a Jesus Cristo. Pelo batismo somos chamados a ser suas testemunhas, não só com palavras, mas com gestos de amor e caridade, escutando e vivendo sua palavra, e seguindo seu exemplo na vivência da bondade para com o próximo! Ser bom, como o Bom Jesus, implica comprometer-se com a prática da caridade e a promoção da justiça em favor dos mais pobres e excluídos!

Outro referencial das reflexões que seguem neste manual tem sua inspiração no pensamento de Santo Afonso Maria de Ligório, grande mestre da espiritualidade cristã e da piedade popular. Ele nos oferece vastas publicações de escritos que inspiram os exercícios devocionais ao Bom Jesus. Em sua época, em Nápolis, sua cidade na Itália, era muito forte a devoção à Paixão de Cristo e muito rica de expressões. Ele ensinava que "meditar a Paixão era um meio infalível de conversão". Apontava o amor absoluto e a fiel observância ao seguimento de Jesus Cristo como nossa resposta ao amor demonstrado por Ele e como nosso compromisso de buscar a santificação pessoal. Dizia: "toda santidade e toda perfeição de uma pessoa consiste em amar a Jesus Cristo, nosso Deus, nosso maior bem, nosso Salvador" (PAJC).

Seu legado espiritual continua sendo uma fonte de inspiração para a prática cotidiana de amor, adoração e devotamento a Jesus Cristo, nosso Redentor.

Que Maria, Mãe do Perpétuo Socorro, interceda por todos que fizerem uso deste MANUAL, para que alcancem as graças de que necessitam e sejam perseverantes na fidelidade ao seguimento de seu Divino Filho, o Bom Jesus!

Caritas Christi urget nos (2Cor 5,14)
O autor

1. A devoção à imagem do Bom Jesus

Devoção popular

A palavra "devoção" significa todo ato de devotamento, de expressão religiosa, crença, confiança, dedicação e fé a uma verdade na qual se reconhece uma manifestação da graça de Deus.

Para os cristãos católicos, significa todo conjunto de crenças, de atitudes e devotamento espiritual expresso a Deus e suas manifestações gloriosas. São as "práticas religiosas", as orações populares, festas dos santos, procissões, os louvores e afetos que as pessoas expressam diante dos mistérios da fé.

As expressões mais comuns são as devoções aos santos, o amor a Nossa Senhora, o rosário, as romarias, as celebrações do mistério de Cristo por ocasião do Natal e, sobretudo, a celebração de sua Paixão e Morte. São formas de rezar que fogem da oficialidade dos ritos sacramentais. Ganham um "jeito" mais popular com práticas mais espontâneas de expressar a gratidão e o louvor a Deus pelos sinais concretos de seu amor em favor de seu povo.

A devoção ao Senhor Bom Jesus, também chamada de devoção ao "Cristo da Paixão", é uma dessas formas bem antigas e conservadas pela piedade popular. Muito divulgada em Portugal, chegou ao Brasil com a vinda dos colonizadores portugueses. Rapidamente, ela se espalhou pelas províncias litorâneas de nosso país, sobretudo no Estado de São Paulo, local do surgimento das capelas dedicadas ao Bom Jesus – como em Iguape (1647), Tremembé (1663), Perdões (1705) e Pirapora (1725) –, onde formaram-se os grandes centros históricos de romarias e que, posteriormente, receberam também o título de "santuários".

Outros povoamentos foram surgindo, conservando essa devoção e dando origem às futuras cidades e paróquias, cujo padroeiro seria o Bom Jesus, como encontramos até os dias de hoje.

Assim, essa devoção foi ganhando, com o tempo, espaço na prática religiosa de nosso povo, que, diante da imagem da "flagelação", encontrou alento e proteção para a vida, alcançando tantas graças e favores do querido "Bom Jesus"!

Essa devoção continua viva entre os cristãos católicos brasileiros! Nos diversos santuários, as romarias (individuais, familiares e comunitárias) ocorrem com frequência, sobretudo no tempo da Quaresma e no mês de agosto. Outro elemento interessante de se observar, ligado à devoção, é que nessas cidades onde se localizam os santuários e as paróquias, encontramos a presença das "Irmandades" e "Confrarias" do Bom Jesus, movimentos de leigos que, na simplicidade da fé, procuram praticar e propagar essa devoção. Nas periferias das grandes cidades e nos bairros rurais são muitas as comunidades que vão surgindo levando o nome do Bom Jesus. Essa devoção continua viva no coração dos fiéis! É fonte de inspiração, oração e muita conversão!

A Igreja nos ensina que todas as práticas de devoção são uma forma de recordar e atualizar os mistérios da fé. Não substituem a participação nos Sacramentos, mas são formas de oração, de meditação e louvor a Deus pela manifestação de seu amor em favor de seu povo (cf. *Catecismo da Igreja Católica*).

As "devoções" não podem ser confundidas com práticas piedosas de exaltação à conformidade com as dificuldades da vida. Mas devem ser entendidas como formas de experiência da fé que fortalece e anima o espírito do cristão para torná-lo forte e confiante na providência de Deus a caminho da santidade!

De nossa devoção, de nosso carinho, de nosso respeito e reverência ao Senhor Bom Jesus, que por nós padeceu terríveis sofrimentos, devemos tirar a grande lição: nossa devoção deve levar-nos ao encontro com o Cristo vivo, Senhor da vida e da história! Ele ressuscitou e caminha com seu povo! Ele se faz presença real, constantemente, na Eucaristia e se dá a nós como alimento verdadeiro para sustentar nossa fé e disposição! Ele é a palavra viva que Deus revelou para seu povo. Seus ensinamentos devem orientar cada momento de nossa vida e nos levar ao encontro com seu projeto de amor, fraternidade, justiça e paz para toda a humanidade.

Santo Afonso, mestre da oração e educador popular, orienta o cristão, dizendo que "toda nossa prática de amor a Jesus Cristo não deve ficar somente numa linha de afetos, mas que se concretize objetivamente na vida de cada dia, através de atitudes concretas de caridade" (PAJC). Nessa perspectiva, nossas devoções não podem se fixar em formas de lamentações diante dos acontecimentos do passado da vida de Jesus, mas nos impulsionar para o encontro real e verdadeiro com ele, para acolher e viver seu Evangelho, atualizando a vivência do mandamento do amor. Agindo assim, viveremos como verdadeiros filhos de Deus e esta será nossa alegria e felicidade: acolher e viver a Palavra de Deus (cf. Lc 11,28).

Jesus está vivo e sua vida deve ser a inspiração para o cristão nos dias de hoje! Ele caminha conosco e sua promessa é fiel: "Eu estarei com vocês todos os dias até o fim dos tempos" (Mt 28,20).

A imagem do Bom Jesus

A devoção ao "Senhor Bom Jesus" no Brasil surgiu, mais especificamente, em torno da tradicional imagem do "Jesus Flagelado". Muitas igrejas foram construídas em sua honra, e algumas delas tornaram-se grandes centros de romarias, recebendo mais tarde o título de "Basílica Menor".

Mas que imagem é essa que, ao longo dos anos, exerceu tanto fascínio entre os fiéis?

O sentido das "imagens" na Igreja Católica

É muito importante refletir sobre o sentido das imagens no culto cristão. A Igreja Católica, como muitos dizem erroneamente, nunca ensinou que se deve adorar as imagens dos santos, de Maria ou de Jesus.

As imagens surgiram lá nos primórdios do cristianismo para lembrar os que morreram pela fé. Primeiramente, foram as gravuras, as pinturas feitas pelos cristãos nas catacumbas para lembrar a pessoa de Jesus, Maria e os mártires. Depois surgiram os ícones, na Igreja do Oriente, que eram imagens pintadas dos santos, muito utilizadas nas celebrações cristãs. Mais tarde é que se introduziu o costume de confeccionar as imagens (esculturas) para fazer a lembrança daquelas pessoas que morreram pela causa da fé, com fama de santidade. Posteriormente, as imagens foram incorporadas ao culto e à ornamentação das igrejas, para serem um sinal, uma recordação daqueles que viveram a vocação batismal em sua plenitude e atingiram uma vida de santidade em perfeita comunhão com Deus. Eles foram apontados como um exemplo de vida para os irmãos e, por estarem na comunhão com o Pai, poderiam interceder pelas necessidades da Igreja peregrina neste mundo.

Ser santo é nossa primeira vocação. "Esta é a vontade de Deus, a vossa santificação" (1Ts 4,3). É viver a vida como Deus quer. Amar a todos sem distinção, praticando as boas obras para nos tornarmos justos diante do Pai. "Sede perfeitos como o vosso Pai do céu é perfeito", nos lembra Jesus (Mt 5,48).

Portanto, as imagens são como que "fotografias" daqueles que viveram perfeitamente sua vocação cristã neste mundo. São exemplos a ser seguidos. São as "imagens" dos cristãos reconhecidos como santos, recordando o que eles foram e como viveram com fidelidade a fé cristã! A Igreja sempre ensinou que não se adora uma imagem, mas se reverencia o que ela representa.

Adoramos somente a Deus!

As imagens são representações que ajudam a recordar nossa primeira vocação e o destino final do ser humano: a comunhão eterna com Deus!

A "mensagem" da imagem do Bom Jesus

A imagem do "Bom Jesus", como a conhecemos hoje, representa o instante do julgamento e da flagelação do Senhor. É a imagem do *"ecce homo"* (Eis o homem!), como Pilatos o apresentou ao povo: ferido e machucado, com um manto de púrpura nas costas e uma coroa de espinhos cravada em sua cabeça! (cf. Jo 19,1-6).

É uma imagem artisticamente bem esculpida para chamar atenção dos fiéis. De tão perfeita, dá-se a impressão de estarmos diante do corpo de um homem de verdade. Essa é a imagem que a tradição da piedade popular guardou de todas as cenas da Paixão de Jesus. É a cena mais tocante, a que mais impressiona! Um Deus ofendido, abandonado por seus amigos e seguidores, aparentemente fracassado em sua missão, torturado e condenado, calado diante daqueles que o acusavam, sem nada dizer em sua defesa. É a imagem do "servo de Deus que carrega sobre si o peso das dores de toda a humanidade", na visão do profeta Isaías (cf. Is 53).

A imagem não chama atenção para si mesma, mas para aquele que ela representa. Ela é um convite constante para refletirmos sobre o significado dos sofrimentos de Jesus. É para essa realidade que ela nos aponta. Ela nos leva até aquele momento final da missão de Jesus neste mundo: sua Paixão e morte na cruz! Tem a função educativa de chamar, constantemente, nossa atenção para o preço que Jesus pagou por nossa salvação!

E que lições podemos tirar dessa imagem de Jesus flagelado? O que essa representação nos ensina? Por que exerce tanto fascínio entre os fiéis?

Para aprofundar nossa reflexão, propomos para meditação 12 considerações, de forma a orientar, aprofundar e atualizar o significado da mensagem que, pela fé, podemos extrair da imagem do Bom Jesus. São pequenas indicações que foram organizadas nessa sequência somente pela exigência da questão didática e que não têm a pretensão de ser completas. Elas não se esgotam, apenas dão início às considerações que poderão ser ampliadas à medida que nos colocarmos diante da imagem, com o coração aberto e cheio de fé, para rezar e meditar o sentido da Paixão do Senhor.

1- A imagem do Bom Jesus é a imagem do Filho de Deus

A imagem representa Jesus, o Filho de Deus. "Deus amou tanto o mundo que enviou seu Filho para que todo aquele que nele crer não pereça, mas tenha a vida eterna" (Jo 3,16). Ele é a própria imagem do Pai, a "imagem do Deus invisível", como nos lembra Paulo (cf. 1Cl 1,15). Foi Ele que o Pai definiu como modelo, para que nós, suas criaturas, pudéssemos ser "conformes a sua imagem" (cf. Rm 8,29). Ele é a imagem daquele que intercede diante de Deus para que por suas obras o Pai seja sempre glorificado (Jo 14,13). E que todo aquele que vê o Filho e nele acredita tenha a vida eterna e seja ressuscitado com ele (cf. Jo 6,40).

Olhemos para o Bom Jesus, Ele é o filho de Deus! Ele é o caminho, a verdade e a vida!

2- A imagem do Bom Jesus é a imagem da Palavra que se fez carne

A Palavra de Deus, a luz verdadeira, se fez carne e veio ao mundo, mas a humanidade não a reconheceu (cf. Jo 1,9-11). A imagem de Jesus abandonado pelos discípulos, zombado, humilhado, torturado e sem nenhuma proteção, e calado diante das acusações finais, significa essa palavra viva" que foi rejeitada pelo povo de seu tempo. "Quando chegou a plenitude dos tempos, Deus enviou seu Filho nascido de uma mulher" (Gl 4,4). O Filho é a palavra do Pai. Sua imagem da flagelação é a imagem da palavra encarnada e anunciada que sabe esperar o momento certo para produzir frutos!

Ele é a palavra fonte de toda a vida do universo! Ele é a palavra paciente à espera do acolhimento e da conversão, sem nada exigir ou cobrar. Ele é o Verbo, o sentido que existia desde o princípio na mente de Deus, pelo qual tudo foi criado. Ele é a luz prometida da salvação que se fez carne e veio morar no meio de nós! A palavra que nos deu a conhecer quem é nosso Deus e qual é sua vontade (cf. Jo 1,1-18).

Olhemos para o Bom Jesus, ele é o Verbo de Deus, a palavra que nos orienta e que dá um novo sentido para a existência humana!

3- A imagem do Bom Jesus é a imagem do servo sofredor

A imagem de Jesus nos recorda o silêncio paciente de Deus, que tudo suporta, padece e sabe esperar pelo momento adequado para manifestar seu poder. O tempo de Deus é diferente do tempo humano. A imagem do Bom Jesus é a personificação da imagem do "Servo de Deus", que o profeta Isaías previu e descreveu em seu livro. Não tem aparência nem beleza. Desprezado e rejeitado, cheio de dores, tomou sobre si nossos pecados (cf. Is 53).

A passagem de Jesus pelo sofrimento redefine seu sentido: ele deixa de ser o lugar do fracasso e da impotência para se transformar no lugar da experiência do amor e da confiança nos desígnios de Deus.

Olhemos para o Bom Jesus; Ele é o servo obediente que assumiu nossos pecados pela nossa redenção.

4- A imagem do Bom Jesus é a imagem da transfiguração do Senhor

A imagem de Jesus nos aponta para além do que ela aparenta ser. Nos mostra o significado do que nela se esconde: a divindade de Jesus! Ele é o Deus encarnado. Sua natureza é divina! Na cena da transfiguração, os discípulos viram sua glória. A imagem em si nos remete a essa verdade, porque naquilo que ela representa visualizamos a presença do Deus invisível, coberto de dores, solidário com os sofrimentos de suas criaturas. É a imagem de Deus a caminho da vitória definitiva sobre o pecado, fonte de toda dor, na espera do desfecho da instauração definitiva de seu Reino de amor. Sua imagem mira nosso olhar àquele a quem o Pai pede com insistência: "Este é o meu Filho amado, escutem a sua palavra" (Mt 17,5).

Olhemos para o Bom Jesus e escutemos sua palavra! Ele é a presença viva de Deus em nossa história!

5- A imagem do Bom Jesus é a imagem do sacrifício da Nova Aliança

A imagem de Jesus nos recorda a imagem do "Cordeiro" oferecido em sacrifício para tirar o pecado do mundo. Na linguagem de Paulo, Ele é o próprio "sacrifício vivo", a vítima oferecida para derramar seu sangue pela expiação do pecado e celebrar a Nova Aliança entre Deus e a humanidade. Seu sacrifício destrói o poder do pecado, para nos fazer caminhar na liberdade e graça de filhos de Deus. Ele é o que veio para fazer a vontade do Pai: dar sua vida em resgate de todos! (cf. Hb 8,9-10). De tanto nos amar, dizia Santo Afonso: "Deus pagou com a oferta de sua própria vida por esta prova de seu infinito amor. Ele ficou fora de si por nos amar demais" (PAJC).

Olhemos para o Bom Jesus, Ele ofereceu a si mesmo como único e definitivo sacrifício da Nova Aliança.

6- A imagem do Bom Jesus é a imagem da grandeza do amor

A imagem de Jesus é a imagem da demonstração que Ele quis nos dar da grandeza de seu amor. Tinha necessidade para o Senhor da vida, do tempo e da história, ter passado por todo esse sofrimento para nos salvar? Bastaria uma só palavra e tudo teria sido diferente, mas, não, Ele quis nos provar o quanto nos ama e quer nosso bem. Pagou com a própria vida por esse amor! Quando olhamos para a imagem, estamos olhando para a grandeza desse amor. A imagem do sofrimento de Jesus é a imagem da radicalidade de seu amor, que se ofereceu livremente por nossa redenção. É a imagem do mestre que, até o último instante, fez de sua vida uma doação a serviço daqueles que tanto ama. "Ninguém tem maior amor do que aquele que dá a própria vida por seus amigos" (Jo 15,13). Ele deu o exemplo para que façamos o mesmo!

Olhemos para o Bom Jesus e vejamos como seus sofrimentos foram suportados por nosso amor!

7- A imagem do Bom Jesus é a imagem da bondade de Deus

A imagem de Jesus nos lembra que, por amor, Deus enviou seu filho ao mundo, e nele encontramos a expressão máxima da manifestação de sua bondade. Ele só fazia o bem para as pessoas (At 10,38). Todos os que o procuravam eram libertos de suas dores, consolados, animados e confortados pelo carinho de seu acolhimento. A imagem da flagelação é a imagem da caridade, com a qual Ele viveu e tratou as pessoas até o fim. Sua caridade nos impressiona e nos convida a fazer o mesmo em nossas relações num mundo carente de bondade e fraternidade (cf. 2Cor 5,14). A caridade é benigna, paciente, tudo suporta e tudo faz, sem nada exigir em troca (cf. 1Cor 13). Na imagem de seu sofrimento, visualizamos a imagem do Jesus solidário com os sofredores de todos os tempos, sem nada pedir em troca. Sua aparência recorda o sentido para o qual ele veio a nosso encontro, como ressalta o livro da Sabedoria: "a fim de que pudéssemos conhecer o tamanho de sua paciência e sua bondade" (Sb 2,19-20).

Olhemos para o Bom Jesus e vejamos como é infinita sua bondade.

8- A imagem do Bom Jesus é a imagem da esperança

A imagem de Jesus se mantém numa posição vertical. Ele não está caído, abatido pelos sofrimentos, ao contrário, está em pé, numa postura de firmeza, coragem e determinação, diante do sofrimento que o aflige. Quem tem fé não se deixa abater! Jesus é aquele que "em Deus confia e nada teme", apenas espera em sua providência, pois o que pode um mortal fazer contra Ele? (cf. Sl 56). Sua postura nos lembra de que sua Paixão não deve ser entendida como derrota, mas como consequência da opção radical pela causa dos mais pobres, humildes e excluídos de seu tempo. Aquele que muito confiou na providência do Pai, muito será exaltado por Ele no dia do triunfo da vida sobre a morte, na hora da ressurreição.

Olhemos para o Bom Jesus e contemplemos como é grande sua esperança na providência do Pai.

9- A imagem do Bom Jesus é a imagem da fé

A imagem de Jesus é a do homem que tem fé! A fé que é sustentada pela oração e pela intimidade com o Pai que tudo fortalece e suporta! O espírito pode estar pronto, mesmo que a carne seja fraca, mas é preciso rezar para que a fé seja sustentada até o fim (cf. Mt 26,36-46). Na imagem de Jesus, em pé, diante da multidão, vislumbramos a expressão corajosa da fé que tudo suporta, em vista do amor maior. Representa a esperança cristã daqueles que sofrem, aguardando a realização definitiva do Reino de Deus, que é amor, justiça, verdade e respeito. Aí, surgirá o novo céu e a nova terra, "onde não haverá mais lugar para a dor, porque tudo será renovado", como nos lembra o autor do Apocalipse (Ap 21,4).

Olhemos para o Bom Jesus e contemplemos como é grande sua fé!

10- A imagem do Bom Jesus é a imagem da misericórdia de Deus

A imagem de Jesus em prontidão nos lembra de que sua misericórdia é constante. Ele sempre está pronto, esperando a volta daquele que pecou para dar a graça de seu perdão que tudo restaura. Está sempre aguardando para perdoar e dizer: "Vá e não peques mais"!

Jesus é a imagem da bondade do Pai que está sempre à espera do filho que se foi, para acolher, perdoar e abençoar (cf. Lc 15,11-32). É a imagem do amor que sempre dá uma nova oportunidade para que os erros sejam corrigidos e a vida seja reorientada para o caminho do bem!

Deus não quer a morte do pecador, mas que se converta e viva! É a vida de paz e felicidade que ele nos deseja!

A imagem do Bom Jesus nos lembra de que Ele está sempre a nossa espera, para acolher e perdoar, pois sua misericórdia é para sempre. E para todo coração arrependido que dele se aproximar, com certeza haverá de escutar aquela voz imperativa: "Teus pecados estão perdoados. Vá em Paz!" (Lc 7,48-50).

Olhemos para o Bom Jesus e contemplemos como é grande sua misericórdia!

11- A imagem do Bom Jesus é a imagem da solidariedade de Deus

A imagem do Bom Jesus é a imagem da solidariedade de Deus para com os pobres e humilhados. É a imagem do amor, da bondade e da misericórdia de Deus, que muito nos ama. Representa a opção solidária do Pai que se mantém ao lado dos pobres, dos humildes e dos marginalizados, que padecem de tantos sofrimentos. Ele não está do lado dos poderosos personificados na figura do glorioso governador Pôncio Pilatos, mas está do outro lado, no lugar dos humilhados, onde está Jesus em silêncio. Deus está do lado dos fracos, os ofendidos e indefesos, que, barbaramente, ao longo da história, foram condenados a tantos tipos de sofrimento e morte, injustamente, sem nenhuma chance de defesa ou misericórdia.

Na imagem de Jesus flagelado, visualizamos a opção solidária de nosso Deus pelos sofredores, excluídos, explorados, violentados e assassinados pela ganância e os abusos egoístas do poder. É a imagem do Verbo plenamente humano, sem considerar aparências ou consequências.

Na imagem da flagelação, deparamo-nos com a fidelidade do amor de Jesus pela causa do Reino que veio anunciar aos pobres (cf. Lc 4,18-21). É a imagem do esvaziamento. Ele não se apegou a sua condição divina para fazer nada por si, mas se esvaziou completamente para se colocar como o servo obediente que dá sua própria vida pela libertação e salvação de todos os Filhos de Deus (cf. Fl 25,5-11).

A mensagem da imagem do Bom Jesus continua atual! Ela recorda e atualiza aquela verdade contemplada pelo salmista: "Junto dele se encontra toda graça e copiosa redenção!" (Sl 129).

Olhemos para o Bom Jesus e contemplemos como é grande sua solidariedade com os pobres.

12- A imagem do Bom Jesus é a imagem do cuidado de Deus

Fitando a imagem do Bom Jesus, um detalhe sobressai a nossos olhos: trata-se da posição delicada das mãos sobrepostas, levemente, uma sobre a outra e abertas!

Mesmo numa hora de tantas dores e retesamentos musculares, as mãos aparecem plenamente livres e estendidas para acolher e oferecer os cuidados do Senhor. Jesus é a revelação da preocupação cuidadosa do Pai com todas as suas criaturas (cf. Mt 5,45 e Mt 6,25-34). Suas mãos são símbolos do cuidado de Deus que nos ama. Seu coração se enchia de compaixão diante dos sofrimentos e necessidades daqueles que o procuravam e, para eles, estendia suas mãos com ternura, para acolhê-los e deles cuidar com amor. Por isso, as mãos da imagem estão livres e não presas, porque o cuidado e a ternura do Senhor são constantes. Eles nos recordam o que Ele fez e continua a fazer pelos que sofrem: acolher e cuidar daqueles que nele creem e buscam nele o conforto e a libertação para suas dores e sofrimentos (cf. Mc 7,32-34 e Lc 1,41).

O posicionamento das mãos atualiza os gestos de Jesus, "que fez bem todas as coisas" (Mc 7,37). As mãos de Jesus muitas vezes se levantaram para indicar, apontar, corrigir, tocar, curar, perdoar, acolher, cuidar e abençoar. Irradiavam a abundância do amor, da bondade e compaixão que enchiam seu coração!

Seguremos as mãos do Bom Jesus, e a Ele confiemos nossas preocupações, angústias, dores e temores. Peçamos com confiança: "Que a bondade do Senhor nosso Deus repouse sobre nós e nos conduza" (Sl 89)!

Olhemos para o Bom Jesus e contemplemos a atualidade de seu amor que nos acolhe e nos cuida!

2. Santuários e romarias do Bom Jesus

Dois outros importantes elementos estão ligados à questão da propagação dessa devoção e merecem breve consideração: os santuários e as romarias dedicados ao Bom Jesus.

Santuários

Santuários são aqueles lugares maravilhosos onde a graça de Deus se manifesta de forma mais extraordinária. Não foram construídos por vontade humana. Surgiram, silenciosamente, em determinados lugares, a partir da percepção do povo que foi identificando aí a ação da graça divina em favor dos mais pobres e necessitados.

Os santuários dedicados ao Bom Jesus, a Nossa Senhora e aos santos são lugares que atraem o povo para rezar, pedir e agradecer. São lugares que se tornaram especiais! Aparecida, Tremembé, Iguape, Perdões, Pirapora, Lapa, entre outros, possuem uma "mística especial", porque são evocativos, têm uma poderosa força de atração que fascina e encanta os fiéis. São lugares espirituais que nos remetem a uma experiência mais concreta com a transcendência e nos permitem sentir o poder da vida, do amor, da misericórdia e da bondade de nosso Deus. São fontes de evangelização e inspiração para a vida cristã!

Dedicados ao Bom Jesus, os santuários evocam a dimensão infinita da bondade do Senhor, que por nós entregou sua vida, por nossa salvação. Nos colocam em sintonia com este Bom Jesus, que quer caminhar com seu povo para consolar, animar, fortalecer e renovar as forças de seus discípulos. Neles experimentamos a realização da promessa de Jesus:

"Não tenham medo. Eu estarei convosco até o fim dos tempos!"

Os santuários nos colocam em sintonia com a eternidade! E essa experiência nos renova e revigora, porque nos ajuda a perceber e sentir o amor, a misericórdia e a bondade de Jesus, que nos toca, muito nos ama e deseja nossa realização e felicidade!

A experiência de permanência em oração nos santuários nos faz perceber o quanto é efêmera esta vida e o quanto nós dependemos da providência divina para viver neste mundo. Dá-nos a dimensão da transitoriedade da vida e a noção de que tudo passa e que os sofrimentos da vida presente não têm proporção com aquilo de glorioso que vamos experimentar, como escreveu o apóstolo Paulo. Faz-nos perceber que nossa força vem do Senhor. É Ele que nos guia e nos cuida. Sua bondade nos sustenta a cada instante de nossa vida!

"Estar" em oração no santuário é fazer uma das experiências mais profundas da mística cristã: abandonar-se totalmente à adoração em espírito e verdade, como ensinou Jesus (cf. Jo 4,23).

Os santuários merecem respeito e reverência, porque são lugares que Deus, em sua infinita bondade, marcou para ouvir os clamores e renovar a esperança de seu povo.

Romarias

"Romaria" significa caminhada, deslocamento, ato de devoção, peregrinação, piedade e expressão religiosa! É um costume cristão que vem desde as origens do cristianismo. Nos recorda que, neste mundo, estamos a caminho, em busca da morada eterna com Deus, que caminha com seu povo.

As romarias eram organizadas para visitar os lugares onde Jesus viveu na Terra Santa. Mais tarde, se visitavam os túmulos dos santos e mártires e, assim, foi-se criando o costume de sair em penitência para rezar em algum lugar especial para a fé cristã. A prática das romarias também foi assimilada por nosso povo e chegou até nossos dias!

Os santuários do Bom Jesus atraem muitas romarias, sobretudo no mês de agosto, por ocasião da celebração da Festa da Transfiguração do Senhor, data em que se comemora as festividades do Bom Jesus.

Interessante observar que, diferente, por exemplo, de Aparecida, existe uma característica bem peculiar nos santuários paulistas do Bom Jesus: são as romarias individuais ou visitas individuais! Isso ocorre pela proximidade desses santuários com os grandes centros urbanos. É muito comum para o fiel, guiado pelos afazeres do trabalho, ao passar pelo santuário, entrar para rezar ao Bom Jesus, como observamos em Iguape, Perdões, Pirapora, Monte Alegre e Tremembé! São visitas rápidas e individuais, mas cheias de fé e confiança!

São muitos os santuários que atraem as romarias. São movimentos festivos, cheios de alegria e fraternidade. Nelas se percebe o clima de oração, celebração, evangelização, adoração e louvor a Deus pelas graças alcançadas e clamores de pedidos pelas necessidades da vida.

Romaria é movimento de busca de uma experiência mais forte de oração, de conversão e encontro com Deus e sua Palavra. É uma viagem motivada pela fé e pela crença no amor misericordioso de Deus! É busca de renovação e encontro com a bondade do Pai, que nos ama! É caminhada para o louvor, para a adoração do Deus da vida, que nos santuários "manifesta mais profusamente a sua graça", no dizer de João Paulo II.

Romaria é a experiência de sair guiado pela liberdade dos filhos de Deus, para adorá-lo em espírito e verdade naqueles lugares que Ele escolheu para provar seu amor e, mais abundantemente, distribuir os benefícios de sua graça! Simboliza a caminhada de fé que não tem seu ponto final no santuário, mas que deve continuar na vivência dos compromissos cristãos, no cotidiano da vida. A romaria nos renova para continuarmos nossa missão de ser testemunhas do amor de Deus no ambiente onde vivemos.

Quem mora nas cidades onde se abriga algum santuário deve ter uma consciência muito esclarecida sobre a importância e o significado desse lugar para aqueles que ali acorrem. Devem ter muita sensibilidade e uma caridade constante para acolher, respeitar e valorizar as romarias daqueles que acorrem ao santuário para rezar. É a igreja da cidade, mas é também patrimônio da fé de muitos cristãos que vêm de perto e de longe para adorar o Bom Jesus, Senhor de todos nós!

3. Devoção e seguimento ao Bom Jesus

O sentido da devoção ao Bom Jesus é nos aproximar, cada vez mais, da pessoa de Jesus Cristo, para segui-lo como Mestre e Senhor. Seguir o Cristo é o que define todo cristão! O seguimento é o ponto de partida da espiritualidade cristã: segui-lo para estar em comunhão constante com Ele e viver como Ele viveu e ensinou. Nossa devoção a sua bondade será realmente fecunda se nos colocarmos em sintonia com Ele, para sermos "bons" como Ele foi bom!

Seguir o Bom Jesus é caminhar segundo o mesmo Espírito que animou e deu sentido a sua vida neste mundo. Espírito de amor que nos faz romper com o individualismo e o egoísmo para nos colocar a serviço dos irmãos, sobretudo dos mais pobres e necessitados. É o ideal que deve animar constantemente a vida do cristão!

A prática da devoção ao Bom Jesus deverá nos colocar em sintonia com a pessoa do Senhor e com os ensinamentos de seu Evangelho. Nele encontraremos as mensagens e orientações que deverão guiar nossa existência, para vivermos neste mundo do jeito que Deus quer.

Nossa devoção não pode se deter apenas na dimensão do louvor e adoração, mas impulsionar para a prática da caridade a todo momento de nossa vida. A fé e o louvor devem caminhar juntamente com as ações concretas de amor e bondade para com o próximo, pois o amor exige também o compromisso, como bem nos lembra o apóstolo João: "aquele que ama a Deus ame também seu próximo como Ele nos ensinou, pois quem pode dizer que ama a Deus, a quem não vê, se não ama seu irmão, a quem vê" (cf. 1Jo 4,20-21).

Esta será a marca da devoção que agradará ao Senhor: não só amar e louvá-lo com palavras, mas com ações concretas de amor para com os mais necessitados. "A caridade é a plenitude da Lei" (Rm 13,10).

De Maria, mãe e modelo de bondade, escutemos o conselho permanente para os devotos de seu amado Filho: "façam tudo o que Ele vos disser"!

Que a bondade de Jesus seja sempre a fonte de inspiração na fidelidade a seu seguimento na busca da santidade e na construção de seu Reino de amor e justiça.

4. A visita mensal ao Senhor Bom Jesus

(1º sábado ou dia 6 de cada mês)

Invocação

– Em nome do Pai, do Filho e do Espírito Santo.
– Amém!
– Glória ao Pai...

Acolhida

Assim diz o Bom Jesus:
"Vinde a mim, vós todos que estais cansados e oprimidos, e eu vos darei descanso! Tomai sobre vós meu jugo e aprendei comigo, porque sou manso e hu-

milde de coração e achareis descanso para vossas almas, porque meu jugo é suave e meu peso, leve" (Mt 11,28).

Motivação

Ó meu Senhor Bom Jesus, nesta hora de mais um dia de trabalho, venho fazer minha visita. Venho a ti, meu Redentor, para buscar o alívio, a consolação e a renovação de minha fé! Diante do cansaço e dos sofrimentos de vossa imagem flagelada, meu Bom Jesus, quero buscar novo alento para enfrentar as dificuldades que desafiam minha vida! Sois vós, meu Deus! Em vós deposito minha confiança. Interceda por mim para que neste momento de oração alcance o perdão por meus pecados, fortaleça meu compromisso cristão de viver vossos ensinamentos e renove minha confiança em vossa divina providência! Quero renovar meus pedidos e intenções, confiante em vossa bondade que tudo opera em favor dos que em vós confiam. Fazei, Senhor, que eu alcance a graça de que tanto necessito! Concedei-me um espírito de amor e caridade e a graça de vos servir e amar até o último instante de minha vida, assim seja!

(Momento de silêncio para apresentar ao Senhor os pedidos e as intenções desta visita.)

Responsório

– *Leitor*: Do Senhor é que vem meu socorro, nele confio e espero.
– Ó, Bom Jesus, guiai meus passos e fortalecei minha fé!
– Glória ao Pai...
– Pai nosso...

Oração

Oremos: Ó Deus, Pai de infinito amor, que revelastes o poder de vossa providência na bondade de vosso Filho, sede favorável aos apelos daqueles que vos pedem e, como nada podemos em nossa fraqueza, dai-nos sempre o socorro de vossa graça, para que possamos querer e agir conforme vossa vontade, seguindo vossos mandamentos. Por Cristo, Senhor nosso. Amém!

Cântico evangélico
O exemplo de Cristo – (1Pd 2,21-24)

O Cristo por nós padeceu,/ deixou-nos o exemplo a seguir./ Sigamos, portanto, seus passos!/ Pecado nenhum cometeu,/ nem houve engano em seus lábios.

– Por suas santas chagas nós fomos curados!

Insultado, Ele não insultava;/ ao sofrer e ao ser maltratado,/ Ele não ameaçava vingança;/ entregava, porém, sua causa/ àquele que é justo juiz.

– Por suas santas chagas nós fomos curados!

Carregou sobre si nossas culpas/ em seu corpo, no lenho da cruz,/ para que, mortos a nossos pecados,/ na justiça de Deus nós vivamos./ Suas feridas nos curaram.

– Por suas santas chagas nós fomos curados!

Palavra de Deus (Fl 2,6-11)

Tende em vós os mesmos sentimentos de Cristo Jesus: apesar de sua condição divina, Ele não reivindicou seu direito de ser tratado como igual a Deus. Ao contrário, aniquilou-se a si mesmo, humilhou-se, fazendo-se obediente até a morte, e morte de cruz. Por isso Deus o elevou acima de tudo e lhe deu o nome que está acima de todo nome, de modo que ao nome de Jesus todo joelho se dobre nos céus e na terra e toda língua proclame que Jesus Cristo é o Senhor, para a glória de Deus Pai.

(Silêncio para meditação e reflexão.)

Oração diante da bondade de Jesus

"Senhor Bom Jesus, meu querido Redentor, deixa-me dizer-te como és enlouquecido de amor! Acaso não é loucura que tenhas querido morrer por mim, uma criatura da terra, um ingrato, um pecador e traidor? Mas se tu, Deus meu, te tornaste enlouquecido de amor por mim, como posso pensar em outra coisa senão em ti? Tendo visto que morreste por mim, como posso pensar senão em ti? Como posso amar outra coisa senão somente a ti?

Ó chicotadas, espinhos, cravos, ó cruz, chagas, dores, ó morte de Jesus, que me pressionam e me forçam a amar aquele que assim tanto me amou. Ó Verbo encarnado, ó Deus amante, minha alma se apaixona por ti, quisera saber amar-te a ponto de só encontrar gozo em te agradar, ó meu doce Senhor" (Adaptação Santo Afonso. In: JAH).

Intercessão de Nossa Senhora

Ó Mãe de Deus e nossa, peço vossa intercessão por mim e por minhas intenções junto a vosso amado filho, o Bom Jesus, nosso Redentor:
– Ave, Maria...

Oração final

Ó meu Bom Jesus, caminho, verdade e vida! Luz da salvação eterna! Recebei, Senhor, minha liberdade, meu entendimento, minha inteligência e toda minha vontade. Tudo o que tenho, tudo o que possuo, fostes vós que me destes. Eu vos consagro tudo que tenho e tudo que sou e deixo a vossa inteira disposição. Dai-me somente vosso amor e vossa graça, desde já ficarei aliviado, e nada mais terei a pedir, confiando só em vossa divina providência. Assim seja!

Despedida

– Que o Senhor Bom Jesus me abençoe (†), me guarde, me livre de todo mal e me conduza à vida eterna.

– Amém.

5.

A novena das sextas-feiras: memória da Paixão do Senhor!

(Nove dias. Terceira sexta-feira de cada mês)

Invocação

– Em nome do Pai...
– **Amém!**
– Vinde, ó Deus, em meu auxílio.
– **Senhor, socorrei-me e salvai-me!**
– Glória ao Pai...
– **Amém!**

Responsório

Ó Bom Jesus, sois vós o Cristo, Nosso Senhor,/ luz do mundo e glória de seu povo!

No Senhor nós esperamos confiantes,/ porque Ele é nosso auxílio e proteção!

– Ó Bom Jesus...

Por isso, os corações de vossos fiéis se alegram,/ porque sois nossa única esperança!

– Ó Bom Jesus...

Nesta hora, interceda por vosso povo,/ porque em vós nós esperamos!

– Ó Bom Jesus...

Oferecimento da novena

Senhor, Bom Jesus, filho amado do Pai, eis-me aqui em oração, confiante em vossa divina providência. Eu vos ofereço esta novena como demonstração de meu amor e confiança em vós! Diante da imagem de vossa flagelação, junto a vossas chagas e feridas, quero colocar minhas intenções, dores, aflições, problemas, preocupações e necessidades para que se unam a vossos sofrimentos e obtenham alívio e consolação. Olhai para mim com benevolência e escutai meu pedidos e intenções.

Intenções particulares

(Instante de silêncio para a apresentação dos pedidos.)

Intenções gerais

Pela Igreja; pela paróquia; pelos doentes; pelos pobres e carentes; pelas vocações leigas, consagradas e sacerdotais; pelas famílias; pelos injustiçados e oprimidos e pela paz no mundo!

Sede bendito o Senhor Bom Jesus

Sede bendito o nome santo do Senhor, Bom Jesus.

– A Ele louvor, honra e glória para sempre!

Sede bendito o verbo de Deus que se fez carne.

– A Ele louvor, honra e glória para sempre!

Sede bendito o Salvador que veio habitar no meio de nós.

– A Ele louvor, honra e glória para sempre!

Sede bendito o amor de Deus que se revelou para seu povo.

– **A Ele louvor, honra e glória para sempre!**

Sede bendito o Santo de Deus que anunciou o Evangelho do amor e da justiça.

– **A Ele louvor, honra e glória para sempre!**

Sede bendito o Filho de Deus que por nós foi flagelado e crucificado.

– **A Ele louvor, honra e glória para sempre!**

Sede bendito o Ungido de Deus que por nós morreu na cruz.

– **A Ele louvor, honra e glória para sempre!**

Sede bendito o Bom Jesus, porque sua bondade é para sempre.

– **A Ele louvor, honra e glória para sempre!**

Sede bendito o Bom Jesus, porque junto dele é copiosa a redenção.

– **A Ele louvor, honra e glória para sempre!**

Sede bendito o Bom Jesus, porque em seu Santuário ele manifesta sua graça e perdão.

– **A ele louvor, honra e glória para sempre!**

Rezando com a Bíblia *(Sl 142)*

Ó Senhor, escutai minha prece. / Ó meu Deus, atendei minha súplica!/ Para vós eu ergo as mãos,/ porque minha alma tem sede de vós!

– Senhor Bom Jesus, atendei-me!

Escutai-me depressa, Senhor,/ meu espírito está enfraquecendo!/ Indicai-me o caminho a seguir e defendei-me,/ porque sois vós meu refúgio!

– Senhor Bom Jesus, escutai-me!

Ensinai-me a cumprir vossa vontade./ Que vosso espírito de bondade me dirija./ Por vosso amor protegei, conservai e salvai/ minha vida, ó Deus de amor e bondade!

– Senhor Bom Jesus, salvai-me!

Oração

Oremos: Senhor Jesus, Filho do Deus vivo, que por vosso infinito amor vos deixastes flagelar no padecimento de vossa Paixão, olhai com bondade para este(a) vosso(a) servo(a) que a vós recorre com fé e confiança. Acudi-me nas tribulações da vida presente! Abençoai minha família, meus projetos, meu trabalho e afazeres! Dai-me a benção da saúde e afastai os males e perigos das doenças! Perdoai-me pelos pecados e faltas cometidas! Dai-me a graça de ser fiel na vivência de vossos mandamentos. Ajudai-me a praticar a caridade, promover a justiça e a vos servir até a hora da morte, para convosco viver eternamente. Senhor, Bom Jesus, nosso padroeiro, abençoai a mim e a todos os seus devotos. Amém!

Palavra de Deus
(Temas para cada dia da novena)

1º Dia: Jesus é a revelação definitiva de Deus
Gl 4,1-7
Silêncio e meditação.

2º Dia: Jesus foi gerado pelo ventre de Maria
Lc 1,26-38
Silêncio e meditação.

3º Dia: Jesus enviado de Deus para ser libertador
Lc 4,14-21
Silêncio e meditação.

4º Dia: Jesus é a palavra que transforma e gera vida
Jo 2,1-12
Silêncio e meditação.

5º Dia: Jesus é o amor que cura e restaura a vida
Lc 5,12-16
Silêncio e meditação.

6º Dia: Jesus é nossa força e sustento
Jo 6,35-50
Silêncio e meditação.

7º Dia: Jesus nos chama para sermos suas testemunhas
Mt 5,13-16
Silêncio e meditação.

8º Dia: Jesus ensina o maior mandamento
Jo 15,7-17
Silêncio e meditação.

9º Dia: Jesus apresenta os critérios do julgamento final
Mt 27,31-46
Silêncio e meditação.

Ato de adoração

"Ó Bom Jesus, meu Senhor e meu Deus, derramastes vosso sangue e entregastes a própria vida por minha salvação e de toda a humanidade. Peço perdão por não ter correspondido tanto a vosso imenso amor. Sim, eu vos amo, meu Redentor! Amo a um Deus que por mim se deixou amarrar como um réu; que por mim se deixou flagelar como um escravo; que por mim se deixou humilhar como malfeitor; que por mim foi zombado como um louco; que por mim se deixou pregar numa cruz e morreu como criminoso.

Recordo sempre do que sofrestes por mim, para que não mais me esqueça de vos amar, por isso suplico:

Cordas que amarrastes a Jesus, prendei-me com Ele;/ Espinhos que coroastes Jesus, feri-me de amor com Ele;/ Pregos que perfuraram as mão de Jesus, pregai-me na cruz com Ele;/ Sangue de Jesus, inebriai-me de santo amor;/ Morte de Jesus, fazei-me morrer para o egoísmo;/ Coração transpassado de Jesus, eu vos abraço para morrer unido a vós e vos amar eternamente.

Querido Salvador, salvai-me, uni-me a vós e não permitais que eu vos perca" (Adaptação Santo Afonso, PAJC, Cap. I).

– Pai nosso...

Consagração a Santa Mãe de Jesus
(Diante da imagem de Nossa Senhora Aparecida)

Ó Maria, boa mãe de Jesus, mãe de tantos nomes e invocações na Igreja! No Brasil, vós sois a mãe Aparecida das águas para ser um sinal de vida e esperança. Refúgio dos pecadores e amparo dos que sofrem, ajudai este(a) vosso(a) filho(a) que deseja amar a Deus e viver o Evangelho do Divino Redentor. Eu me recomendo a vós, com fé e esperança. Socorrei-me pelo amor que tendes a Jesus e aceitai minha consagração:

"Ó Senhora Aparecida, mãe do Perpétuo Socorro do povo brasileiro, eu vos consagro, neste momento, minha vida: para amar a Deus sobre todas as coisas; para viver a fé com fidelidade; para seguir vosso filho, Jesus Cristo, e viver seu Evangelho. Ó mãe querida, guardai-me de todos os males e perigos. Senhora Aparecida, de hoje em diante, eu quero viver pra o bem, para o amor, para a caridade, trabalhando para que o Reino de Deus aconteça no meio de nós. Ajudai-me, ó mãe, dai-me firmeza e perseverança neste propósito. Amém!"

– Ave, Maria...

Oração final e despedida

Oremos: Acolhei, ó Deus de bondade, as preces desta novena. Pelo vosso amor infinito e pelos mérito dos sofrimentos do Bom Jesus, que por nós tanto padeceu, iluminai meu coração para que caminhe sempre em vossa luz. Dai-me a graça de seguir os passos de Jesus para com Ele viver eternamente em sua glória. Por Cristo Senhor nosso. Amém!

– Que o Senhor Bom Jesus me abençoe (†), me guarde, me livre de todo o mal e me conduza à vida eterna.
– **Amém.**

– Bendigamos ao Senhor.
– **Demos graças a Deus!**

6.

A via-sacra

(Contemplando o caminho de amor do Bom Jesus)

Invocação

– Em nome do Pai...
– **Amém!**

– Vinde, ó Deus, em meu auxílio.
– **Senhor, socorrei-me e salvai-me!**
– Glória ao Pai...
– **Amém!**

Oração inicial

Senhor, meu Bom Jesus, dignai-vos aceitar esta prática de amor e piedade como ato de fé em vossa infinita misericórdia. Levai-me convosco até o alto do monte Calvário. Vós sois o Deus de amor e bondade que até o último momento vossa vida vos mostrastes solidário, caminhando com os pobres e humilhados deste mundo. Contemplando vosso exemplo, quero também renovar o propósito de vos amar e vos servir, principalmente na pessoa dos irmãos que sofrem, os mais pobres e abandonados que tanto necessitam de gestos de amor e solidariedade. Ó Bom Jesus, que este momento de oração alcance o perdão dos pecados e me faça aproximar mais da santidade para vossa honra e glória, assim seja. Amém!

Ato penitencial

– Senhor, que viestes salvar os corações arrependidos, tende piedade de nós.
– Senhor, tende piedade de nós.

– Cristo, que viestes chamar os pecadores, tende piedade de nós.

– Cristo, tende piedade de nós.

– Senhor, que intercedeis por nós junto do Pai, tende piedade de nós.

– Senhor, tende piedade de nós.

1ª Estação:
O Bom Jesus é condenado à morte

Contemplemos a bondade do Senhor, que, solidário com os fracos e oprimidos, se deixou aprisionar e, injustamente, foi torturado e condenado à morte de cruz como um criminoso.

Mt 15,15: Pilatos, para contentar a multidão, soltou Barrabás e, depois de açoitar Jesus, entregou-o para ser crucificado.

– Nós vos adoramos, ó Bom Jesus, e vos bendizemos!

– Porque pela vossa santa cruz remistes o mundo.

– Pai nosso...

2ª Estação:
O Bom Jesus carrega a cruz

Contemplemos a bondade do Senhor, que, abandonado, assume sozinho o peso da cruz. O antigo instrumento de horror se tornará o sinal bendito da redenção para sempre!

Jo 19,17: Jesus tomou a cruz, carregando-a, saiu para um lugar chamado Gólgota, que significa Crânio.

– Nós vos adoramos, ó Bom Jesus, e vos bendizemos!

– **Porque pela vossa santa cruz remistes o mundo.**

– Pai nosso...

3ª Estação:
O Bom Jesus cai pela primeira vez

Contemplemos a bondade do Senhor, que, na fidelidade ao cumprimento de sua missão, se deixou abater pelo peso da cruz. É a imagem de Jesus solidário com os pobres que caem vítimas do peso de tantas "cruzes" que os massacram sem piedade! Mas Jesus se levanta e segue seu caminho, porque sua força vem do alto. Os fracos e oprimidos dependem da graça do Senhor que renova e sustenta suas vidas!

Is 42,1: Eis meu servo que eu sustento, meu escolhido, em quem minha alma se compraz. Nele coloquei meu espírito para que leve o direito às nações.

– Nós vos adoramos, ó Bom Jesus, e vos bendizemos!

– Porque pela vossa santa cruz remistes o mundo.

– Pai nosso...

4ª Estação:
O Bom Jesus encontra sua mãe

Contemplemos a bondade do Senhor, que, ao encontrar sua mãe cheia de dores, não desistiu de seu testemunho! Ele quis cumprir sua missão até o fim! Nem a comoção diante da dor de sua mãe o fez desviar da trajetória do Calvário. É a imagem do Deus fiel que caminha ao lado dos pobres que sofrem e não têm a quem recorrer! E Maria, solidária, segue com Ele! Ó vós todos que passais, olhai e vede se existe dor semelhante à minha!

Lc 2,33: Simeão disse a Maria: "este menino causará a queda e a elevação de muitos em Israel; Ele será um sinal de contradição; a ti própria, uma espada te traspassará a alma, para que se revelem os pensamentos de muitos corações".

– Nós vos adoramos, ó Bom Jesus, e vos bendizemos!

– Porque pela vossa santa cruz remistes o mundo.

– Pai nosso...

5ª Estação: O Bom Jesus é ajudado por Simão Cireneu

Contemplemos a bondade do Senhor, que, apesar do cansaço, não desistiu de seu caminho. Percebendo sua fraqueza, os soldados pediram a ajuda de um homem chamado Simão. Jesus segue à frente do cortejo. É a imagem do Deus fiel que caminha conosco e nos ama até o fim!

Lc 23,26: Quando o levavam detiveram um certo Simão Cireneu, que voltava do campo, e puseram a cruz sobre ele, obrigando-o a levá-la atrás de Jesus.

– Nós vos adoramos, ó Bom Jesus, e vos bendizemos!

– Porque pela vossa santa cruz remistes o mundo.

– Pai nosso...

6ª Estação: O Bom Jesus recebe o conforto de Verônica

Contemplemos a bondade do Senhor, que caminha resoluto e solidário com os pequenos e humilhados, sem gozar de nenhum privilégio. Porém, um gesto atravessa a multidão! É de alguém que aprendeu com Jesus a estender as mãos para acudir os que sofrem. A fé e o amor se demonstram com as boas obras de caridade. Verônica, corajosa, atravessou o cortejo e enxugou o rosto de Jesus. O gesto do serviço identifica quem é discípulo do Senhor.

Jo 13,1-15: Enquanto ceiavam, Jesus tomou uma bacia e começou a lavar os pés dos discípulos, e disse: "vós deveis lavar os pés uns dos outros, pois eu vos dei o exemplo para que façais como eu o fiz".

– Nós vos adoramos, ó Bom Jesus, e vos bendizemos!

– **Porque pela vossa santa cruz remistes o mundo.**

– Pai nosso...

7ª Estação:
O Bom Jesus cai pela segunda vez

Contemplemos a bondade do Senhor, que não desistiu de seu caminho. Embora cansado e muito esgotado, Jesus carrega sua cruz, mas o peso do madeiro desequilibrou o Salvador e Ele caiu! O peso da cruz significa o peso dos sofrimentos e pecados da humanidade. Por isso, Ele não pode parar, a cruz precisa ser levada até o fim. Precisa ser cravada no alto do monte Calvário para ganhar outro sentido: ser sinal da copiosa redenção!

Is 53,4-5: Mas eram nossos sofrimentos que ele tomou sobre si, eram nossas dores que ele assumiu; e nós o julgávamos como um castigado, ferido por Deus e humilhado, esmagado por causa de nossos pecados.

– Nós vos adoramos, ó Bom Jesus, e vos bendizemos!

– Porque pela vossa santa cruz remistes o mundo.

– Pai nosso...

8ª Estação: O Bom Jesus encontra as mulheres de Jerusalém

Contemplemos a bondade do Senhor que, mesmo caminhando em meio a tantas dificuldades, mantinha-se atento às necessidades dos que sofrem. Sensibilizado, Ele parou para dar atenção àquelas mulheres que sofriam mais do que Ele.

Lc 23,28-29: Jesus, voltando-se para elas, disse: Filhas de Jerusalém, não choreis por mim, mas chorai por vós mesmas e por vossos filhos, porque virão dias em que se há de dizer: felizes as estéreis e felizes as entranhas que não geraram e os seios que não amamentaram!

– Nós vos adoramos, ó Bom Jesus, e vos bendizemos!

– Porque pela vossa santa cruz remistes o mundo.

– Pai nosso...

9ª Estação:
O Bom Jesus cai pela terceira vez

Contemplemos a bondade do Senhor, que se aproxima do testemunho final! Embora seja um caminho de amor, é impossível não se defrontar novamente com a fraqueza e os obstáculos! Jesus caiu porque tropeçou nas dificuldades, mas isso não o deteve, Ele se levantou e seguiu em frente, porque muito nos amou!

Is 53,2-4: Ele não tem aparência nem beleza para atrair nossos olhares, nem esplendor para nos agradar. Era desprezado e não fizemos causa dele. Mas eram nossos sofrimentos que tomou sobre si!

– Nós vos adoramos, ó Bom Jesus, e vos bendizemos!

– Porque pela vossa santa cruz remistes o mundo.

– Pai nosso...

10ª Estação:
O Bom Jesus é despido de suas vestes

Contemplemos a bondade do Senhor por seu extremo despojamento e desapego! Permitiu que até suas vestes fossem arrancadas. O mínimo que possuía foi-lhe tirado! Como os pobres que pouco ou nada têm, Jesus, nu, se rebaixou ao máximo do desprezo e da zombaria para estar no lugar dos pobres e pequenos, que tantas vezes são humilhados e ridicularizados.

Mt 15,24: Depois o crucificaram e dividiram suas vestes, decidindo pela sorte o que caberia a cada um.

– Nós vos adoramos, ó Bom Jesus, e vos bendizemos!

– Porque pela vossa santa cruz remistes o mundo.

– Pai nosso...

11ª Estação:
O Bom Jesus é pregado na cruz

Contemplemos a bondade do Senhor por sua entrega total à missão redentora. Humilhado e pregado na cruz, Jesus, de braços abertos e imóvel, está junto daqueles que foram pregados a tantos sofrimentos. Mas com Ele aprendemos que o ódio e a dor não são palavras definitivas na história da humanidade. Se o Evangelho for colocado em prática, muitos sofrimentos serão evitados e muitos irmãos serão despregados de suas cruzes!

Mc 15,29-30: Os que passavam por lá o injuriavam e, balançando a cabeça, diziam: "Salva-te a ti mesmo descendo da cruz".

– Nós vos adoramos, ó Bom Jesus, e vos bendizemos!

– Porque pela vossa santa cruz remistes o mundo.

– Pai nosso...

12ª Estação:
O Bom Jesus morre na cruz

Contemplemos a bondade do Senhor, que morreu crucificado como um criminoso qualquer. Na cruz, Ele é a imagem do despojamento completo de qualquer glória ou vaidade humana! Ele se esvaziou de sua dignidade divina colocando-se ao lado dos humildes e marginalizados. Ele é o Bom Jesus que morreu pela nossa salvação. Ele é a imagem do sacrifício da nova aliança! É o exemplo máximo do amor que doa a própria vida! Ele é o cordeiro de Deus que tira o pecado do mundo! Junto dele a redenção é copiosa para todos!

Jo 15,12-13: Amai-vos uns aos outros como eu vos amei. Ninguém tem maior amor do que aquele que dá a vida por seus amigos.

– Nós vos adoramos, ó Bom Jesus, e vos bendizemos!

– Porque pela vossa santa cruz remistes o mundo.

– Pai nosso...

13ª Estação:
O Bom Jesus é descido da cruz

Contemplemos a bondade do Senhor cujo corpo é despregado da cruz sem nenhuma reverência. Sobressai o gesto de sensibilidade daquele homem bom que quis acudir! Seu corpo sem vida é a imagem da fidelidade do seu amor. Ele morreu silencioso e solidário com as pessoas abandonadas e esquecidas na marginalidade do mundo! Sua morte é sinal de esperança: "quem crer em mim, mesmo que esteja morto, viverá"! Hoje, também precisamos tirar os corpos daqueles que estão pregados a tantos sofrimentos, antes que desfaleçam!

Lc 23,50-53: Um homem bom e justo, chamado José de Arimateia, pediu a Pilatos o corpo de Jesus. Descendo-o da cruz, envolveu-o num lençol e o depositou num túmulo cavado na rocha.

– Nós vos adoramos, ó Bom Jesus, e vos bendizemos!

– Porque pela vossa santa cruz remistes o mundo.

– Pai nosso...

14ª Estação:
O Bom Jesus é colocado no sepulcro

Contemplemos a bondade do Senhor, que desceu à mansão dos mortos para resgatar a todos para uma vida nova. Ele é a imagem do grão de trigo que morre para produzir muitos frutos. Veio para salvar os que estavam perdidos e viviam sem esperança. A morte de Jesus é o caminho para o triunfo da vida na ressurreição.

Ele é nossa luz! A morte de Jesus produziu frutos de redenção!

Is 9,1: O povo que caminhava nas trevas viu uma grande luz; para aqueles que habitavam nas sombras da morte uma luz resplandeceu.

– Nós vos adoramos, ó Bom Jesus, e vos bendizemos!

– Porque pela vossa santa cruz remistes o mundo.

– Pai nosso...

15ª Estação:
O Bom Jesus ressuscita glorioso

Contemplemos a bondade do Senhor, que quis permanecer conosco para sempre: Jesus ressuscitou! A vida triunfou sobre a morte; a graça sobre o pecado; o bem sobre o mal! Ele é a luz bendita que Deus fez brilhar para sempre. Ele é o caminho, a verdade e a vida! Quem nele crer não morrerá! Vivamos com Ele e coloquemos em prática seu Evangelho para sermos merecedores de suas promessas!

Ap 22,12: Eis que venho em breve e trarei comigo minha retribuição, para dar a cada um segundo suas obras.

– Nós vos adoramos, ó Bom Jesus, e vos bendizemos!

– Porque pela vossa santa cruz remistes o mundo.

– Pai nosso...

Oração Final

Ó Jesus, Deus de amor e misericórdia, nós vos louvamos por vossa presença em nossa história. Vossa Paixão e morte na cruz foi demonstração de amor e entrega total por nossa salvação! Obrigado, Senhor, por vosso amor. Obrigado, Senhor, por vossa palavra. Obrigado, Senhor, pelo dom de vosso sacrifício. Ó meu Bom Jesus, ficai sempre comigo iluminando e orientando minha vida, para que eu viva conforme os ensinamentos de vosso Evangelho. Ficai sempre comigo agora e sempre, pois em vós eu confio e espero. Amém!

Maria, Senhora das Dores, Mãe do Perpétuo Socorro, refúgio dos pecadores, intercedei por nós, agora e sempre, pelo amor que tendes a vosso amado Filho.

– Ave, Maria...

Despedida

– Que o Senhor Bom Jesus me abençoe (†), me guarde, me livre de todo o mal e me conduza à vida eterna.
– Amém.

7.

Oração de libertação e pedido de graça

Oração diante do Bom Jesus pela cura e libertação interior

Ó meu querido e amado Bom Jesus! Vóis sois o Senhor de minha vida. Diante da imagem da vossa flagelação, no silêncio deste momento, quero me colocar em vossa presença para buscar vosso amparo, vossa proteção, vosso conforto e libertação de todas as minhas angústias, tristezas, culpas, decepções, mágoas, ódios e dores que ainda afligem meu coração.

Hoje eu venho pedir a cura e a libertação, Senhor, das lembranças tristes de tudo que pratiquei de errado: de meus pecados, da falta de amor, da falta de caridade, da falta de paciência, da falta de confiança e de todas experiências que vivi longe de vossa graça e que ainda atormentam minha alma.

Diante de vossos sofrimentos, ó meu Bom Jesus, eu quero colocar todos os sentimentos negativos e as dores que me afligem. Que vosso sangue lave e purifique meus pensamentos e fortaleça minha mente e meu coração, para que eu possa viver melhor.

(Faça um instante de silêncio! Pense em tudo o que o aflige neste momento e vá colocando nas mãos do Senhor... Sem pressa... Sem preocupação com o tempo... Deixe seu coração se abrir para o Senhor...)

Vós me conheceis e sabeis as causas de meus problemas. Portanto, olhai para mim, Senhor, e libertai-me de todas as recordações ruins, dos momentos em que me senti rejeitado, abandonado, deprimido, triste, desanimado e sem esperança!

Curai-me, Senhor, dos sentimentos de ódio, rancor, vingança e da falta de perdão que, por muito tempo, corroeram minha paz interior. Que eu saiba aceitar as coisas do modo como aconteceram em minha vida e entregá-las à vossa divina misericórdia, que tudo transforma e renova.

Restaurai, Senhor, minha mente, para que livre das más lembranças, culpas e sentimentos negativos eu possa caminhar em vossa paz! Que eu aprenda com vosso sofrimento a grandeza do amor que tendes por mim! Que eu também seja bom e caridoso com todos aqueles que sofrem e que necessitam de misericórdia, atenção e amor!

Livrai-me, Senhor, da ansiedade pelas coisas que ainda não aconteceram! Aumentai minha fé e esperança em vosso poder, que tudo sabe e que tudo provê! Que eu seja mais paciente! Que eu não me deixe abater pelo medo de nada! Que eu saiba esperar e confiar em vossa divina providência, que tudo realiza no devido tempo! Que eu procure viver bem o momento presente de minha vida, junto daqueles que amo, sem me preocupar com o futuro que ainda não existe!

Eu vos louvo e agradeço, meu Bom Jesus, pois sei que estás agindo em mim agora, para que eu saia daqui com o propósito de ser uma criatura renovada e mais confiante em vossa bondosa providência. Sei que fui criado por vós porque me amais. Sou amado por meu Deus e, por isso, preciso me valorizar e acreditar em minha capacidade de conquistar uma vida mais alegre e feliz.

Senhor, tende piedade de mim que a vós recorro nesta hora. Perdoai todos os meus pecados! Que venha sobre mim vossa graça, porque em vós, Senhor Jesus, eu deposito toda a minha confiança. Vós sois minha esperança! Cuidai de mim! Fazei que eu, para sempre, não seja confundido: sois vós meu Senhor e meu Deus!

Que desça sobre mim, neste momento, a vossa benção, porque em vós confio e de vós espero todo bem e toda graça! Que vosso poder me fortaleça para a luta em busca de novas conquistas e me defenda de todo mal. Abençoai minha vida, conduzí meus passos e que cheguem a bom termo meus propósitos e todos meus projetos para vossa honra e glória!

Dai-me, Senhor, a graça de viver unido a vós! Que nada me separe de vosso amor, hoje e sempre! Amém!

"Senhor, vós sois meu Pastor,
orientai minha vida,
para que nada venha a me faltar" (Sl 23).

– Pai nosso...

Despedida

– Que o Senhor Bom Jesus me abençoe (†), me guarde, me livre de todo o mal e me conduza à vida eterna.
– Amém!

8. O terço do Bom Jesus Redentor

(Adaptação da tradição do Rito Bizantino)

Invocação

– Em nome do Pai...
– **Amém!**

Invitatório

– Ó Bom Jesus, Redentor e Salvador, nós vos adoramos e bendizemos.
– **Porque por vossa Paixão, morte e ressurreição remistes o mundo. Dai-nos a graça da salvação!**

Ato de contrição

Senhor Jesus Cristo, Filho de Deus, tende piedade de mim pecador(a) pelas ofensas cometidas contra vós e os irmãos.

– Senhor Bom Jesus, tende piedade de mim por vossa infinita bondade!

Oferecimento

Senhor Bom Jesus, diante da imagem de vossa flagelação, prova suprema de vossa entrega amorosa pela salvação da humanidade, quero contemplar os grandes momentos de vossa obra redentora neste mundo. Intercedei por mim, por vossa Igreja e por todos que nesta hora se colocam para rezar e buscar vossa graça e proteção!

(Instante de silêncio para a apresentação das intenções particulares)

– Creio em Deus Pai...

1º Mistério: A encarnação do Bom Jesus Redentor

O Verbo de Deus se fez carne e veio morar no meio de nós para manifestar a bondade do Pai. O anjo Gabriel anunciou a Maria e ela foi a escolhida para participar da revelação deste mistério, gerando o autor da vida em nossa história. Também pela bondade de Maria foi gerado o Bom Jesus, nosso redentor!

Rezam-se as 10 ave-marias ou pode substituir-se pela invocação:
– A bem-aventurada Virgem Maria foi escolhida para gerar o Bom Jesus, Redentor!

2º Mistério: A missão do Bom Jesus Redentor

Jesus é a luz da salvação que Deus fez brilhar em nossa história! Ele veio para anunciar a boa-nova do Reino de Deus. Ensinou, curou, libertou, corrigiu e deu novas esperanças para o povo sofrido! Seu maior ensinamento: amar a Deus e amar ao próximo! No início de sua missão, sua mãe estava com Ele, em Caná, e é para Ele que ela nos conduz!

Rezam-se as 10 ave-marias ou pode substituir-se pela invocação:
– Façam tudo o que Ele vos disser!

3º Mistério: A Paixão e morte do Bom Jesus Redentor

O Bom Jesus é o Ungido de Deus que passou a vida fazendo o bem. Era causa de incômodo para as autoridades de seu tempo. Por isso, foi traído, preso, flagelado e condenado à morte de cruz. Ele é a semente que morreu para dar muitos frutos! E sua mãe estava de pé junto à cruz!

Rezam-se as 10 ave-marias ou pode substituir-se pela invocação:

— Pela intercessão de vossa Mãe dolorosa, ó Redentor, salvai-nos.

4º Mistério: A ressurreição do Bom Jesus Redentor

A morte na cruz foi gesto de entrega e prova do amor do Bom Jesus por nós! A ressurreição foi a palavra definitiva da grandeza desse amor do Pai, que pelo Filho se revelou absoluto: o poder do amor triunfou sobre a morte! Esta é nossa esperança. Se com Ele vivermos, com Ele ressuscitaremos! Quem nele crer viverá para sempre!

Rezam-se as 10 Ave-Marias ou pode substituir--se pela invocação:

— O Bom Jesus é a ressurreição e a vida, quem nele crer viverá para sempre!

5º Mistério: A continuação da missão do Bom Jesus Redentor

Jesus prometeu e enviou o Espírito Santo para ungir e fortalecer a sua Igreja, a comunidade dos que nele professam a fé! Sua missão continua na história através das obras da Igreja. Ela dará continuidade à missão de anunciar e fazer instaurar o Reino de Deus! E Maria estava com eles!

Rezam-se as 10 ave-marias ou pode substituir-se pela invocação:
– Ó Maria, Mãe do Perpétuo Socorro, que a Igreja seja fiel à missão do Cristo Redentor!

Conclusão

Pedindo a graça da fé, da esperança, da caridade e da perseverança na vivência dos ensinamentos do Bom Jesus, nosso divino Redentor, peçamos o amparo de sua mãe, Maria Santíssima, rezando:
– Salve, Rainha...

Despedida

– Que o Senhor Bom Jesus me abençoe (†), me guarde, me livre de todo o mal e me conduza à vida eterna.

– Amém.

9. A visita ao Santíssimo Sacramento

(Adorando a bondade de Jesus na Eucaristia)

Sugestão:

Querido devoto do Bom Jesus, coloque-se diante do Sacrário em silêncio. Procure tranquilizar-se, deixando para trás as agitações de seu dia para que haja maior concentração no ato da adoração. Procure silenciar e tranquilizar sua mente antes de dar início à visita!

Invocação

– Em nome do Pai...
– **Amém!**

– Deus, vinde em meu auxílio!
– Senhor, socorrei-me sem demora!
– Glória...

Motivação inicial

A devoção ao Bom Jesus é uma fonte de muitas graças! Sua imagem nos recorda o momento de sua Paixão, mais precisamente o instante de sua flagelação, quando foi terrivelmente torturado com a força dos açoites. A imagem do Jesus flagelado é um convite para o encontro com a pessoa do Cristo, Nosso Senhor! Ele é o Verbo de Deus que se fez carne, veio morar no meio de nós e quis continuar presente, na vida de sua Igreja, pelo sacramento da Eucaristia. Portanto, nossa devoção ao Bom Jesus só terá pleno sentido se nos levar para o encontro com o Cristo vivo e ressuscitado, presente na Eucaristia! Ele é o pão vivo descido do Céu para se fazer nosso alimento e, assim, unir-se todo a cada um de nós. É nosso alimento para fortalecer, dar coragem, esperança, alegria, paz, fortaleza, cura... A devoção do cristão ao Bom Jesus será frutuosa se nos levar a entender que a bondade do Senhor é perpétua na sagrada Eucaristia. Aí está nossa força, nosso alimento! Por isso, vamos nos recolher em silêncio para expressar nosso amor, agradecer e adorar este dom maravilhoso da presença de Jesus no meio de nós. Venham todos e adoremos o Bom Jesus Eucarístico!

(Silêncio)

Antífona

– Jesus Eucarístico é a fonte de todos os bens.
– **"Se alguém tem sede, venha a mim e beba"** *(Jo 7,37).*

Hino

Vamos louvar sem cessar/ este mistério de amor, pois o preço deste mundo/ foi o sangue Redentor, recebido de Maria,/ que nos deu o salvador.

Veio ao mundo por Maria,/ foi por nós que ele nasceu. Ensinou sua doutrina, / com os homens conviveu. No final de sua vida,/ um presente Ele nos deu.

Reunido com os irmãos,/ numa noite de despedida, numa ceia de refeição,/ deu-se aos doze, pelas suas próprias mãos:/ em alimento se ofertou!

A Palavra do Deus vivo/ transformou o vinho e pão no seu sangue e no seu corpo/ para a nossa salvação. O milagre nós não vemos,/ basta a fé no coração.

Tão sublime sacramento,/ presença do divino amor, noite e dia,/ adoremos neste altar, com alegria e louvor!

(Adaptação LH)

Ato de amor

"Senhor Jesus, pelo amor que tendes a cada um de nós, noite e dia chamais e recebeis aos que vos visitam. Eu vos adoro do abismo de meu nada.

Agradeço-vos o favor de haveres me dado vossa pessoa neste sacramento e a oportunidade de poder visitar-vos. Ó Bom Jesus, sois minha vida, tesouro e único amor de minha alma, quanto vos custou a permanência conosco neste sacramento! Para ficardes sobre nossos altares foi preciso morrerdes na cruz. E depois, neste sacramento, quantas injúrias sofreis para estardes presente no meio de nós! Mas venceu vosso amor, venceu o desejo que tendes de ser amado por nós. Só vós, meu amado Redentor, reinais sobre mim e habitais meu coração! Eu vos peço, meu Senhor, fazei com que eu não deseje nem busque outro prazer mais que o de ser-vos agradável, visitar-vos muitas vezes nos altares, entreter-vos convosco e receber-vos na santa comunhão. Que eu me esqueça de mim para me lembrar somente de vossa bondade. Meu Jesus, só a vós quero amar, só a ti quero agradar" (Adaptação Santo Afonso. In: *Visitas*).

Responsório

– Graças e louvores sejam dadas a cada momento.
– **Ao Santíssimo e digníssimo Sacramento!**
– Glória ao Pai... (3x)

Palavra de Deus *(Jo 15,1-5)*

"Eu sou a videira verdadeira e meu Pai é o agricultor. Todo ramo que em mim não produz fruto, ele o corta; e o que produz, ele o poda para que produza mais ainda. Permanecei em mim, como eu em vós. Quem permanecer em mim e eu nele dará muitos frutos, porque sem mim nada podeis fazer."

(Silêncio e meditação)

Louvação

Santo Afonso nos lembra que Jesus, por seu infinito amor, nos deixou a maior garantia que tinha, em memória deste amor: Ele mesmo no Sacramento da Eucaristia (PA, p. 44).

– Deus amou tanto o mundo que enviou seu filho único para que todos que nele crerem não morram, mas tenham a vida que é eterna.

– Jesus Cristo é o caminho, a verdade e a vida. Ele é a luz bendita da salvação que Deus fez brilhar em nossa história!

– Jesus é o pão vivo descido do céu. O alimento precioso que Deus oferece para todos nós. Quem comer deste pão viverá para sempre!

– Jesus Cristo é o caminho, a verdade e a vida. Ele é a luz bendita da salvação que Deus fez brilhar em nossa história!

– Na Eucaristia, Jesus renova sua presença na vida de sua Igreja. Ela é o alimento que sustenta nossa fé e encoraja nossa vontade na tarefa de construir um mundo mais santo, mais justo e fraterno, conforme a vontade de Deus.

– **Jesus Cristo é o caminho, a verdade e a vida. Ele é a luz bendita da salvação que Deus fez brilhar em nossa história!**

– Na instituição da Eucaristia, Jesus instituiu também o mandamento do amor ao próximo que se traduz no serviço aos mais necessitados. Ele mesmo lavou os pés de seus discípulos! Deixou-nos o exemplo para mostrar que a verdadeira adoração se desdobra, também, em gestos de amor e solidariedade para com os irmãos, sobretudo os mais pobres e abandonados.

– **Jesus Cristo é o caminho, a verdade e a vida. Ele é a luz bendita da salvação que Deus fez brilhar em nossa história!**

Oração: Senhor Jesus Cristo, nosso Redentor, vós que viestes ao encontro da humanidade para anunciar o Evangelho do amor, como o caminho da salvação, olhai com bondade para este(a) vosso(a) servo(a) que vos adora neste admirável sacramento que nos deixastes o memorial de vossa Paixão. Fortalecei minha fé e auxiliai-me no compromisso de viver vossos ensinamentos para ser o sal da terra e a luz do mundo. Fazei de mim instrumento de vosso amor na construção de um mundo mais irmão, conforme a vontade do Pai que nos criou. Mantenha-me unido a vós que sois a Videira, para que eu produza muitos frutos de bondade. Vós sois o Cordeiro de Deus que tirais o pecado do mundo. Vós sois Nosso Senhor, nosso salvador, ontem, hoje e sempre! A vós toda honra e glória por todos os séculos. Amém!

– Pai nosso...

Oração de São Francisco

Senhor, fazei-me instrumento de vossa paz!/ Onde houver ódio, que eu leve o amor./ Onde houver ofensa, que eu leve o perdão./ Onde houver discórdia, que eu leve a união./ Onde houver dúvida, que eu leve a fé./ Onde houver erro, que eu leve a verdade./ Onde houver desespero, que eu leve a esperança./ Onde houver tristeza, que eu leve alegria./ Onde houver trevas, que eu leve a luz.

Ó Mestre, fazei que eu procure mais consolar que ser consolado; compreender que ser compreendido; amar que ser amado./ Pois é dando que se recebe, é perdoando que se é perdoado e é morrendo que se vive para a vida eterna.

Despedida

Que o Senhor me abençoe e me guarde!
Que Ele me ilumine com a luz de sua face e me seja favorável.

Que Ele me mostre seu rosto e me traga a paz!
Que Ele me dê a saúde da alma e do corpo!
Que o Bom Jesus esteja perto de mim para me defender. Em meu coração para me conservar. Seja meu guia para me conduzir. Que me acompanhe para me guardar. Olhe por mim e derrame sua benção sobre toda a minha vida: (†) **Em nome do Pai, do Filho e do Espírito Santo. Amém!**

– Bendigamos ao Senhor.
– Demos graças a Deus!

10.

Consagração a Nossa Senhora Aparecida, mãe do Bom Jesus

Motivação

Em todos os santuários dedicados ao Bom Jesus, encontramos a imagem de sua mãe sob o título de Aparecida. É a presença bendita da mãe da Igreja que nos aponta para o Bom Jesus, fonte de salvação. Maria foi a escolhida por Deus para gerar Jesus. Ele é o Verbo que se fez carne no ventre bendito de Maria. Ela foi escolhida para gerar, cuidar, educar e acompanhar o Filho de Deus em sua passagem por este mundo. Por isso, desde o início da Igreja, os cristãos tiveram grande respeito e consideração pela mãe do Senhor:

ela é a mulher especial, escolhida por Deus, para cumprir esta sublime missão. Maria foi a grande educadora do pequeno Jesus! Podemos dizer que a sensibilidade e a bondade de Jesus foi alimentada pelas características de sua mãe. A boa Maria educou o Bom Jesus! E foi o próprio Jesus que entregou Maria para ser mãe, intercessora e padroeira de sua Igreja. Os cristãos da comunidade de Jesus sempre estiveram com Maria para rezar, aprender, louvar e adorar! Em sua fidelidade à missão que o Filho deixou, ela caminha com o povo e o povo caminha com ela. Desde aquele instante derradeiro no Calvário, quando Jesus nos deu Maria, a Igreja nunca mais se separou dela e ela nunca mais se separou da Igreja de seu Filho. É justo que o cristão, ao demonstrar seu amor e devoção ao Bom Jesus, também se refira a sua boa mãe, mulher cheia da graça de Deus, tabernáculo do Espírito Santo. Confiemos à ela nossos pedidos e súplicas! Ela é a mãe solidária que acompanhou seu filho pelo caminho da dor e do sofrimento, até o fim. Mãe que, através de sua pequenina imagem de "Aparecida", acompanha e intercede pelas necessidades do povo brasileiro. Que ela também interceda por nós, em nossas dores e aflições! Ela é a mãe do Perpétuo Socorro dos discípulos de Jesus!

Invitatório

Verdadeiramente é digno bendizer-vos, ó mãe de Deus,/ bem-aventurada e imaculada para sempre,/ mãe de nosso Deus.
Mais venerável que os querubins,/ incomparavelmente mais gloriosa que os serafins.
Vós, que conservando vossa integridade,/ destes à luz o Verbo de Deus,/ vós sois, na verdade, mãe de Deus,/ nós vos glorificamos!

Intenções

Neste momento de oração com Maria, mãe de Jesus, coloquemos em suas mãos nossos pedidos e nossas intenções particulares e comunitárias.

(Instante de silêncio)

Colocamos todos os nossos pedidos nas mãos de Maria, para que interceda por nós junto a seu bondoso Filho, rezemos:

– Ave, Maria...

Magnificat *(Lc 1,46-55)*

O Papa João Paulo II recorda que "Maria é o sinal grandioso do Apocalipse. Ela é sinal de esperança segura e de consolação para o povo de Deus peregrino". Com ela, renovemos nossa esperança na ação de Deus, que vem para libertar e salvar seu povo, rezando:

Minha alma glorifica o Senhor,/ e meu espírito exulta em Deus, meu salvador,/ porque Ele olhou para a humildade de sua serva,/ doravante as gerações hão de chamar-me de bendita.

O poderoso fez em mim maravilhas,/ e Santo é o seu nome!/ Seu amor se estende de geração em geração,/ e chega a todos que o respeitam.

Demonstrou o poder de seu braço,/ dispersou os orgulhosos./ Derrubou os poderosos de seus tronos/ e os humildes exaltou.

De bens saciou os famintos,/ e despediu, sem nada, os ricos./ Acolheu Israel, seu servidor,/ fiel ao seu amor,/ como havia prometido aos nossos pais,/ em favor de Abraão e de seus filhos para sempre!

Palavra de Deus

A Bíblia nos conta que Maria foi a escolhida pelo Altíssimo. Ela é a bendita entre todas as mulheres, porque soube ouvir e viver a Palavra de Deus. Com ela, vamos acolher e meditar a mensagem que Deus tem para nós e compreender melhor a missão de Nossa Senhora na história da Salvação.

Segue a sugestão de nove temas que poderão acompanhar o formato de novena:
– Primeiro dia: Gl 4,1-7
– Segundo dia: Lc 1,26-37
– Terceiro dia: Lc 1,39-56
– Quarto dia: Jo 2,1-12
– Quinto dia: Jo 19,25-27
– Sexto dia: At 1,12-14
– Sétimo dia: Jo 3,16-21
– Oitavo dia: Mt 5,13-16
– Nono dia: Mt 25,31-40

(Silêncio – Reflexão)

– Ave, Maria...

Consagração

No Brasil, a manifestação da presença de Maria se deu pelo encontro de sua imagem nas águas do Rio Paraíba. Ela apareceu das águas! Ficou conhecida como Nossa Senhora Aparecida. Sua imagem é o sinal da mãe do Cristo que acompanha a Igreja. E em todos os santuários do Bom Jesus encontramos a imagem da boa mãe e Padroeira do Brasil. Diante dela façamos nossa consagração, pedindo sua valiosa intercessão e constante proteção!

Fórmula breve

Ó Senhora Aparecida, mãe do Perpétuo Socorro do povo brasileiro, eu vos consagro, neste momento, minha vida: para amar a Deus sobre todas as coisas; para viver a fé com fidelidade; para seguir vosso filho, Jesus Cristo, e viver seu Evangelho. Ó mãe querida, guardai-me de todos os males e perigos. Senhora Aparecida, de hoje em diante, eu quero viver pra o bem, para o amor, para a caridade, trabalhando para que o Reino de Deus aconteça no meio de nós. Ajudai-me, ó mãe, dai-me firmeza e perseverança neste propósito. Amém!

Fórmula tradicional

Ó Maria Santíssima, que em vossa querida imagem de Aparecida espalhais inúmeros benefícios sobre todo o Brasil, eu, embora indigno de pertencer ao número de vossos filhos, mas cheio do desejo de participar dos benefícios de vossa misericórdia, prostrado a vossos pés, consagro-vos meu entendimento, para que sempre pense no amor que mereceis.

Consagro-vos minha língua, para que sempre vos louve e propague vossa devoção. Consagro-vos meu coração, para que, depois de Deus, vos ame sobre todas as coisa. Recebei-me, ó Rainha incomparável, no ditoso número de vossos filho. Acolhei-me debaixo de vossa proteção. Socorrei-nos em todas as minhas necessidades espirituais e temporais e, sobretudo, na hora de nossa morte. Abençoai-mes, ó Mãe celestial, e com vossa poderosa intercessão fortalecei-me em minha fraqueza, a fim de que, servindo-vos fielmente nesta vida, possa louvar-vos, amar-vos e dar-vos graças no céu, por toda a eternidade. Assim seja!

Despedida

Com minha mãe quero estar sempre unido. / Com ela quero seguir o Bom Jesus. / Com ela quero caminhar na graça de Deus. / Que ela sempre olhe e interceda por mim. /

– Maria, mãe do Bom Jesus, interceda por mim, invocando a benção de Deus.
– Em nome do Pai, do Filho e do Espírito Santo.
– Amém!
– Nossa Senhora Aparecida, Mãe do Perpétuo Socorro.
– Rogai por nós que recorremos a vós!

11.

Orações diante do Bom Jesus

Oração ao Bom Jesus flagelado

Ó meu bom e dulcíssimo Jesus, flagelado por minha salvação, sois uma chaga viva ante meus olhos; fito vosso rosto, mas ele perdeu sua beleza, é horrível de ver-se, manchado como está, de sangue, machucados e escarros. Quanto mais desfigurado vos vejo, ó meu Salvador, tanto mais belo vos acho e digno de amor! Que são, de fato estas chagas e contusões, senão sinais de vossa ternura para comigo? Amo-vos, ó meu Jesus redentor, ferido e dilacerado por mim! Quisera ver-me também todo em chagas por vós, como tantos mártires. Mas se não vos posso oferecer chagas e sangue, ofereço ao menos todas as penas que tiver de sofrer; ofereço meu coração e a vós quero amar o mais eternamente que me for possível. A quem deve minha alma ter amor mais terno que a um Deus flagelado e esgotado de amor por mim? Amo-vos, ó Deus de amor, amo-vos, ó bondade infinita, amo-vos, meu amor, meu tudo; amo-vos e quero repetir sem cessar nesta vida e na outra: eu vos amo, ó Bom Jesus!

Oração ao Bom Jesus crucificado

Eis-me aqui, ó bom e dulcíssimo Jesus! De joelho me prostro em vossa presença e vos suplico com todo fervor de minha alma que vos digneis gravar em meu coração os mais vivos sentimentos de fé, esperança e caridade, verdadeiro arrependimento de meus pecados e firme propósito de emenda, enquanto vou considerando, com vivo afeto e dor, vossas cinco chagas, tendo diante dos olhos aquilo que o salmista Davi já vos fazia dizer, ó Bom Jesus: "transpassaram minhas mãos e meus pés, e contaram todos os meus ossos" (Sl 21,17).

Ladainha do Bom Jesus

Senhor, **tende piedade de nós.**
Jesus Cristo, **tende piedade de nós.**
Senhor, **tende piedade de nós.**
Jesus Cristo, **ouvi-nos**
Jesus Cristo, **atendei-nos.**

Deus Pai dos Céus, **tende piedade de nós.**
Deus Filho Redentor do mundo,
Espírito Santo de amor,
Santíssima Trindade que sois um só Deus,
Tende compaixão de nós.

Bom Jesus, nosso salvador, **rogai por nós.**
Bom Jesus, filho do Deus vivo,
Bom Jesus, imagem do Pai,
Bom Jesus, Filho de Maria,
Bom Jesus, sol de justiça,
Bom Jesus, esplendor de bondade,
Bom Jesus, rei da glória,
Bom Jesus, Ungido de Deus,

Bom Jesus, anunciador do Reino de Deus,
Bom Jesus, pão da vida,
Bom Jesus, luz que ilumina,
Bom Jesus, caminho, verdade e vida,
Bom Jesus, misericordioso,
Bom Jesus, videira verdadeira,
Bom Jesus, defensor dos pobres,
Bom Jesus, amparo dos que sofrem,
Bom Jesus, consolador dos aflitos,
Bom Jesus, refúgio dos pecadores,
Bom Jesus, esperança dos doentes,
Bom Jesus, protetor dos humildes,
Bom Jesus, que libertastes os oprimidos
pelo demônio,
Bom Jesus, traído e aprisionado,
Bom Jesus, atado pelas cordas,
Bom Jesus, flagelado pelos chicotes,
Bom Jesus, coroado de espinhos,
Bom Jesus, que levastes a cruz,
Bom Jesus, que por nós foi crucificado,
Bom Jesus, que morrestes para nos salvar,
Bom Jesus, colocado no sepulcro,

Bom Jesus, que descestes ao vale da morte,
Bom Jesus, que ressuscitastes glorioso,
Bom Jesus, que estais junto ao Pai,
Bom Jesus, que enviastes o Espírito Santo,
Bom Jesus, que julgais os vivos e os mortos,
Bom Jesus, princípio e fim da criação,
Bom Jesus, luz do mundo,

Bom Jesus, **ouvi-nos**
Bom Jesus, **ouvi-nos**.

Bom Jesus, **atendei-nos**.
Bom Jesus, **atendei-nos**.

Bom Jesus pastor de nossas almas,
socorrei-nos e salvai-nos.

Oremos: Senhor Jesus Cristo, que dissestes, pedi e recebereis, fazei com que cresçamos na confiança em vossa bondade e na esperança de vosso amor. Olhai com misericórdia para todos que a vós acorrem e dai vossa proteção. Vós que viveis e reinais para sempre.

– Amém!

Oração ao Sagrado Coração de Jesus

Ó coração infinitamente generoso de Jesus, meu Salvador, vós, não contente em derramar vosso sangue na cruz, vos dais inteiramente a nós, na Sagrada Eucaristia, na qual estais sempre oferecendo a vosso eterno Pai, para a conversão dos pecadores, para a santificação dos justos e para o bem da Igreja.

Desejando eu corresponder aos desígnios de vosso coração cheio de amor, venho hoje, consagrar-me inteiramente a vós. Desejo viver intimamente de vossa vida, unindo minhas orações, trabalhos, sofrimentos e alegrias, a vossa oblação eucarística, para dilatar vosso Reino, no coração dos homens e na vida pública das nações.

Dignais-vos, pois, aceitar este oferecimento que vos faço, pelo Coração Imaculado de Maria, vossa Mãe, e concedei-me, por sua intercessão, a graça de cumpri-lo fielmente, até o último momento de minha vida.

– **Assim seja!**

Oração ao Bom Jesus pelas vocações
(Paulo VI)

Senhor Jesus, pelo Batismo, vós nos chamastes à santidade e à cooperação generosa na salvação do mundo. Na messe que é grande, auxiliai-nos a corresponder a nossa missão de membros do povo de Deus.

Qualquer que seja o chamado, que cada um de nós seja verdadeiramente outro Cristo no meio dos homens.

Ó Senhor, por intercessão de Maria, Mãe de vossa Igreja, concedei-nos o dom misericordioso

de muitas e santas vocações sacerdotais, religiosas, missionárias e leigas de que a Igreja necessita.
– **Amém!**

Alma de Cristo

Alma de Cristo, **santificai-me**. Corpo de Cristo, **salvai-me**. Sangue de Cristo, **inebriai-me**. Água do lado de Cristo, **lavai-me**. Paixão de Cristo, **confortai-me**. Ó Bom Jesus, **ouvi-me**. Dentro de vossas chagas, **escondei-me**. Não permitais **que me separe de vós**. Do espírito maligno, **defendei-me**. Na hora da morte, **chamai-me e mandai-me ir para vós, para que, com vossos santos, vos louve por todos os séculos.**
– **Amém!**

Oração pedindo sabedoria
(Sb 9)

Ó Deus de meus pais, Senhor bondoso e compassivo, vossa palavra poderosa tudo criou, vosso saber tudo modelou e organizou o universo.

Criastes o ser humano para ser rei da criação, que é vossa obra; reger o mundo com justiça, paz e ordem; e exercer com retidão seu julgamento.

Dai-me vossa sabedoria, ó Senhor, sabedoria que partilha vosso trono e que conhece vossas obras desde sempre; convosco estava ao criardes o universo, ela sabe o que agrada vossos olhos, o que é reto e conforme vossas ordens.

Enviai vossa sabedoria lá de cima, do alto céu, mandai-a vir de vosso trono glorioso, para que esteja junto a mim em meu trabalho e me ensine o que agrada vossos olhos!

Ela que tudo compreende e tudo sabe, há de guiar meus passos com prudência. Com seu poder há de proteger e guardar minha vida e ensinar a praticar o que vos agrada.

Que vossa sabedoria, ó Senhor, ilumine minha vida!

Hino de louvor
(Adaptação LH)

A vós, ó Deus, louvamos,
cantamos e aclamamos.
Sois o Senhor da vida,
todo o universo vos adora.
Diante de vós os anjos
adoram e cantam:
Santo, Santo, Santo é o Senhor,
Deus do universo!
Os céus e a terra proclamam
vossa imensa glória.
A vós os apóstolos glorificam,
os profetas proclamam
e os mártires dão testemunho.
A vós, pelo mundo inteiro,
a Igreja proclama,
ó Pai onipotente,

de imensa majestade,
e adora juntamente
vosso Filho único,
Deus vivo e verdadeiro,
e a vosso Espírito Santo.
Ó Cristo, Rei da glória,
nascestes de uma Virgem
a fim de nos salvar.
Por vossa vitória sobre a morte
abristes a todos que tem fé
as portas de vosso Reino.
Vós reinais à direita do Pai
e vireis para o julgamento.
Portanto, vos pedimos:
Salvai os vossos servos,
que vós remistes
com vosso sangue derramado.
Fazei-nos ser contados,
em meio a vossos santos
Em vossa eterna glória.
Senhor, salvai e abençoai,
regei e guardai, vosso povo!

Que possamos, em cada dia,
Bendizer vosso nome.
Dignai-vos, neste dia,
guardar-nos do pecado
e derramar, sobre nós,
vossa graça,
porque em vós depositamos
nossa confiança.
Sois vós nossa esperança!

12.
Os mistérios do rosário

Oferecimento: Ó Jesus, eu vos ofereço este terço que vou rezar contemplando os mistérios de minha Redenção. Concedei-me, pela intercessão de Maria Santíssima, a quem me dirijo, as virtudes necessárias para bem rezá-lo e a graça de ganhar as indulgências anexas a esta devoção.

Creio em Deus Pai...

1º Terço: Mistérios da Alegria
(Segundas-feiras e sábados)

Primeiro mistério: contemplamos a anunciação do anjo a Nossa Senhora e aprendemos com ela a virtude da humildade. *Pai-nosso, 10 ave-marias, glória ao Pai.*

Segundo mistério: contemplamos a visita de Nossa Senhora a Santa Isabel e aprendemos com ela a caridade para com o próximo. *Pai-nosso, 10 ave-marias, glória ao Pai.*

Terceiro mistério: contemplamos o nascimento de Jesus em Belém e aprendemos a resignação na pobreza e o desapego dos bens terrenos. *Pai-nosso, 10 ave-marias, glória ao Pai.*

Quarto mistério: contemplamos a apresentação de Jesus no templo e a purificação de Nossa Senhora e aprendemos a obediência e a pureza. *Pai-nosso, 10 ave-marias, glória ao Pai.*

Quinto mistério: contemplamos o encontro de Jesus no templo e aprendemos a procurar Deus em todos os caminhos e em todas as coisas. *Pai-nosso, 10 ave-marias, glória ao Pai.*

2º Terço: Mistérios da Dor
(Terças e sextas-feiras)

Primeiro mistério: contemplamos a agonia de Jesus no Jardim das Oliveiras e pedimos a graça da conversão de nossa vida. *Pai-nosso, 10 ave-marias, glória ao Pai.*

Segundo mistério: contemplamos a flagelação de Jesus e aprendemos a praticar a mortificação dos sentidos. *Pai-nosso, 10 ave-marias, glória ao Pai.*

Terceiro mistério: contemplamos a coroação de espinhos de Jesus Cristo e aprendemos a combater o nosso orgulho e egoísmo. *Pai-nosso, 10 ave-marias, glória ao Pai.*

Quarto mistério: contemplamos Jesus carregando a cruz para o Calvário e aprendemos a paciência nos contratempos e nas injustiças da vida. *Pai-nosso, 10 ave-marias, glória ao Pai.*

Quinto mistério: contemplamos a crucificação e a morte de Jesus e aprendemos a ter amor a Deus e horror ao pecado. *Pai-nosso, 10 ave-marias, glória ao Pai.*

3º Terço: Mistérios da Luz
(Quintas-feiras)

Primeiro mistério: por meio do Batismo, Jesus assume o compromisso de ser "vida" para todos. O Pai confirma esse compromisso, afirmando que Ele é o Filho amado e enviado para essa missão e aprendemos que devemos rezar para que os jovens saibam descobrir sua vocação. *Pai-nosso, 10 ave-marias, glória ao Pai.*

Segundo mistério: Jesus se revela nas Bodas de Caná. Somos chamados a transformar nossa vida em função da vida para todos, assim como a água foi transformada em vinho. Foi o que fizeram Maria e Jesus para que os noivos e todos na festa ficassem contentes, e aprendemos a nos despertar para a alegria de servir a Deus e aos irmãos. *Pai-nosso, 10 ave-marias, glória ao Pai.*

Terceiro mistério: Jesus anuncia o Reino de Deus. Jesus não só proclama o Reino de Deus, mas afirma que essa boa-nova já se encontra no meio de nós, basta vivê-la. Aprendemos a rezar por todos os que se dedicam ao trabalho do Reino de Deus. *Pai-nosso, 10 ave-marias, glória ao Pai.*

Quarto mistério: a transfiguração de Jesus. O coração transparente, sincero, carregado de amor, é fundamental para todos exclamarem: "É muito bom estarmos aqui" e aprendemos a nos despertar para a solidariedade aos menos favorecidos. *Pai-nosso, 10 ave-marias, glória ao Pai.*

Quinto mistério: Jesus institui a Eucaristia na Ceia Pascal. A Eucaristia nos convida a fazer da vida uma partilha; todos merecem ter o prazer de saciar sua fome. Aprendemos a rezar pedindo operários para a messe do Senhor. *Pai-nosso, 10 ave-marias, glória ao Pai.*

4° Terço: Mistérios da Glória
(Quartas-feiras e domingos)

1. Primeiro mistério: contemplamos a ressurreição de Jesus Cristo e aprendemos a praticar as virtudes da fé e da confiança em Deus. *Pai-nosso, 10 ave-marias, glória ao Pai.*

Segundo mistério: contemplamos a ascensão de Jesus Cristo ao Céu e aprendemos a aumentar a esperança e o desejo do Céu. *Pai-nosso, 10 ave-marias, glória ao Pai.*

Terceiro mistério: contemplamos a vinda do Espírito Santo sobre os apóstolos e aprendemos a ter zelo pela salvação dos irmãos. *Pai-nosso, 10 ave-marias, glória ao Pai.*

Quarto mistério: contemplamos a assunção de Maria ao Céu e lhe pedimos que nos alcance uma boa morte. *Pai-nosso, 10 ave-marias, Glória ao Pai.*

Quinto mistério: contemplamos a coroação de Nossa Senhora como rainha do céu e da terra e lhe pedimos a graça da perseverança final. *Pai-nosso, 10 ave-marias, glória ao Pai.*

Agradecimento: Infinitas graças vos damos, Soberana Rainha, pelos benefícios que todos os dias recebemos de vossas mãos liberais. Dignai-vos, agora e sempre, tomar-nos debaixo de vosso poderoso amparo e, para mais vos obrigar, vos saudamos com uma: *Salve, Rainha...*

13. Orações dos devotos para todos os dias

Oração da manhã

Senhor Deus, nosso Pai, nós cremos em vós. Nós esperamos em vós. Nós vos amamos. Nós vos agradecemos mais este dia que começa. Nós vos damos graças, porque estamos com vida e nós vos oferecemos este dia com todas as nossas alegrias e sofrimentos, com todos os nossos trabalhos e divertimentos. Guardai-nos do pecado e fazei de nós um instrumento de vossa paz e de vosso amor. Ajudai-nos a observar vossos mandamentos. Amém!

– Pai nosso...

Óh, meu Bom Jesus, manso e humilde de coração, fazei meu coração semelhante ao vosso.

– Glória ao Pai...

Oração da noite

– Em nome do Pai...

Ó meu Bom Jesus, eu vos amo de todo o meu coração. Dou-vos graças por todos os benefícios que me fizestes, especialmente por me haverdes feito cristão e conservado durante este dia. Creio em vós. Espero em vós. Ofereço-vos tudo o que hoje fiz de bom e peço-vos que me livreis de todo o mal. Perdoai-me pelas faltas cometidas. Guardai-me no silêncio desta noite e protegei-me de todos os males e perigos. Dai-me a graça de experimentar a graça de vossa paz restauradora durante o repouso merecido. Fazei-me ser cada vez mais santo e, em vossas mãos, Senhor Jesus, coloco minha vida. Dai-me vossa benção, livrai-me do pecado e dai-me vossa paz. Amém!

– Pai nosso...

Consagração a Nossa Senhora

Ó Senhora minha, ó minha mãe, eu me ofereço todo a vós e, em prova de minha devoção para convosco, eu vos consagro nesta noite (dia) meus olhos, meus ouvidos, minha boca, meu coração e inteiramente todo o meu ser. E, porque assim sou vosso(a), ó incomparável mãe, guardai-me e defendei-me, como filho(a) vosso(a). Amém.

Ó Maria concebida sem pecado, rogai por nós que recorremos a vós.

– Ave, Maria...

Com Deus me deito, com Deus me levanto, com a graça do Senhor e do Divino Espírito Santo. Amém!

Oração ao Espírito Santo

Ó, Divino Espírito Santo, amor do Pai e do Filho, inspirai sempre o que devo pensar, o que devo dizer, como devo dizê-lo, o que devo calar, o que devo escrever, como devo agir, o que devo fazer para obter vossa glória, o bem das almas e minha própria santificação. Amém!

Oração pelos doentes

(Esta oração pode ser feita na casa de um doente ou em outro lugar em sua intenção.)

Senhor Bom Jesus, vós curastes tantos doentes e, com amor, destes a graça de vossa consolação para todos que estavam desanimados e abatidos a espera de vossa atenção. Olhai, ó Bom Jesus, para os doentes que agora vos apresentamos: *(diga o nome ou pense naqueles por quem se ora neste momento)*. Eis aqueles que, desde muito tempo, são provados pelas enfermidades, sofrem muito e vivem angustiados, abatidos, deprimidos e muitas vezes sem esperança. Olhai para eles com amor e bondade, Senhor Jesus, e dai-lhes a graça de vossa consolação. Estendei vossa mão poderosa sobre eles e dai-lhes a cura de seus males ou, se for pela vontade de vossa divina providência, a conformidade com a provação que por hora passam. Não os deixeis desanimar, mas que se faça sentir a presença de vosso amor que tudo ampara, consola e fortalece. Que eles tenham a força necessária para suportar com paciência as dores do corpo e da alma e sintam que partilham de vossos sofrimentos e que, unidos a vós, compartilharão de vossa glória e consolação. Tocai nossos doentes, ó Bom Jesus, e dai-lhes a graça de vossa consolação! *(Instante de silêncio)*

– Pai nosso...

Oração pela família

Senhor Jesus, fazei de nosso lar um lugar de vosso amor!

Que não haja amargura, porque vós nos abençoais. Que não haja egoísmo, porque vós nos encorajais e estais conosco. Que saibamos caminhar para vós, em nossa rotina diária. Que cada manhã seja o início de mais um dia de entrega e sacrifício. Que cada noite nos encontre ainda mais unidos no amor e na paz. Fazei, Senhor, de nossos filhos, o que desejais. Ajudai-nos a educá-los, a orientá-los por vossos caminhos. Que nos esforcemos no consolo mútuo. Que façamos do amor um motivo para amar-vos ainda mais. Que dêmos o melhor de nós mesmos para sermos felizes no lar. Que quando amanhecer o grande dia de ir a vosso encontro, nos concedais estarmos unidos a vós para sempre.

– Amém!

Oração e bênção das crianças

– Em nome do Pai, do Filho e do Espírito Santo.
– Amém.

– Nossa proteção está no nome do Senhor.
– Que fez o céu e a terra.

– Louvemos ao Senhor Bom Jesus, porque ele acolhia as crianças e as abençoava.
– O amor de Jesus é fonte de vida, santidade e proteção.

Oremos: Ó meu Bom Jesus, filho do Altíssimo, que viestes ao mundo nascido da Virgem Maria e criança vos fizestes, crescendo em idade, sabedoria e graça diante de Deus e diante de vossa família. Vós fostes o bom amigo das criancinhas e as abençoava, impondo-lhes as mãos, com carinho e amor. Elas serviram de exemplo em vossa pregação, pois devemos ser como elas para alcançar o Reino de Deus. Nós vos pedimos Senhor, olhai neste momento para esta criança sobre a qual invocamos vossa benção *(Em nome do Pai, do Filho e do Espírito Santo)*. Derramai sobre ela vossa graça, para guardá-la e protegê-la de todo mal e de todo perigo! Que vosso amor proporcione a saúde, a alegria e a paz duradoura. Que vossa luz conduza e guie esta criança pelo caminho do bem, longe das ciladas do maligno e esteja sempre em seu coração para conservá-la em vossa paz e proteção. Que ela cresça na fé, unida a vosso coração, acolhendo e vivendo vossos ensinamentos e persevere na vivência da fé cristã, unida a vossa Igreja.

(Estendendo a mão sobre a criança)

Que o Senhor vos abençoe e vos guarde. Que ele esteja perto de vós para vos defender; a vossa frente para vos conduzir; a vosso lado para vos acompanhar; em vosso coração para vos conservar; em vossa mente para vos iluminar.

Que Ele vos dê sua benção e proteção! Que Ele volte seus olhos para vós e vos conceda a paz, a saúde, a alegria e vos livre de todo mal:

– Em nome do Pai, †, do Filho e do Espírito Santo.
– Amém!

Que Maria, mãe do Perpétuo Socorro, mãe de bondade, olhe e interceda por vós, hoje e sempre. Amém.

– Pai nosso...
– Ave, Maria...

Ângelus

– O anjo do Senhor anunciou a Maria.
– E ela concebeu do Espírito Santo.

– Eis aqui a serva do Senhor.
– Faça-se em mim segundo vossa palavra.

– E o verbo de Deus se fez carne.
– E habitou entre nós.
– Rogai por nós, Santa Mãe de Deus.

– **Para que sejamos dignos das promessas de Cristo.**

Oremos: Infundi, Senhor, nós vos rogamos, a vossa graça em nossos corações, para que nós, que vos conhecemos pela anunciação do anjo e a encarnação de Jesus Cristo, vosso Filho, por sua Paixão e morte na cruz, cheguemos à glória da ressurreição. Pelo mesmo Cristo, nosso Senhor.
– **Amém!**

Rainha do Céu
(Tempo Pascal)

– Rainha do Céu, alegrai-vos! Aleluia!
– **Porque quem merecestes trazer em vosso puríssimo seio, aleluia!**
Ressuscitou como disse, aleluia! Rogai a Deus por nós, aleluia!

– Exultai e alegrai-vos, ó Virgem Maria! Aleluia!
– Porque o Senhor ressuscitou verdadeiramente, aleluia!

Oremos: Ó Deus, que vos dignastes alegrar o mundo com a ressurreição de vosso Filho Jesus Cristo, Senhor nosso, concedei-nos, vos suplicamos, que por sua Mãe, a Virgem Maria, alcancemos a alegria da vida eterna. Por Cristo, nosso Senhor. Amém.

Atos de fé

Fé: Ó meu Deus, creio em vós, porque sois a Salvação eterna. Creio nos ensinamentos de vosso Evangelho e na obra evangelizadora de vossa Igreja. Aumentai minha fé!

Esperança: Ó meu Deus, espero em vós, porque, sendo infinitamente poderoso e misericordioso, sois sempre fiel em vossas promessas. Fortificai minha esperança!

Amor: Ó meu Deus, eu vos amo de todo o meu coração, porque sois infinitamente bom e amáve! Inflamai meu amor por vós e pelo próximo.

Contrição: Ó meu Deus, eu me arrependo de todo o mal que pratiquei contra vós e meu próximo. Ofendi a vós meu Criador, mas em vossa misericórdia eu confio e espero. Perdoai-me, Senhor, não quero mais pecar.

Oração antes do trabalho

Eis-me aqui, Senhor, a iniciar mais uma jornada de trabalho. Eu vos agradeço a saúde, a disposição e a oportunidade que tenho de poder trabalhar e ter um emprego, e garantindo, assim, o sustento de minha família. Abençoai-me, Senhor, e ajudai-me a executar bem minhas tarefas neste dia (noite). Abençoai, Senhor, o ambiente onde vou trabalhar, para que sejam afastadas as más intenções e tudo transcorra em paz e harmonia.

Que cada colega de trabalho cumpra com suas obrigações, sem ódio ou inveja no coração. Que meu emprego seja o lugar onde eu possa conquistar melhores benefícios para o dia de amanhã. Em vossas mãos coloco mais este dia (noite), espero em vós e que me guarde de todo perigo. Fazei-me instrumento de vossa paz e ajudai-me a construir um futuro melhor para mim e meus familiares, para vossa honra e glória. Amém!

Anjo da guarda

Ó Santo Anjo de minha guarda, a cuja proteção o Altíssimo, desde o instante de minha concepção, vos confiou minha vida, dou-vos graças pelos cuidados que tivestes de mim, por me haverdes livrado dos perigos espirituais e corporais. A vós me recomendo de novo, neste(a) dia (noite). Ó meu glorioso protetor, ajudai-me com vossas inspirações, para que, sendo fiel a elas, consiga viver santamente neste mundo, livre de todo mal. Por isso, repito com fé:

— Santo anjo do Senhor, meu zeloso guardador, se a ti me confiou a piedade Divina, sempre me rege, me guarda, me governa e me ilumina. Amém!

— Nossa Senhora, mãe do Bom Jesus, rainha dos anjos!
— Rogai por nós!

14. Sinais do amor ao Bom Jesus

> "A caridade do Bom Jesus nos impulsiona!
> Por isso, vivamos por Ele!"
> *(2Cor 5,14-15)*

Santo Afonso, mestre da devoção popular, em seu livro "A Prática do Amor a Jesus Cristo", argumenta que, diante da grandeza do amor que Jesus demonstrou por cada um de nós, chegando ao ponto de dar sua própria vida pela nossa salvação, Ele merece receber em troca todo o nosso amor.

Amá-lo não só com palavras, mas com toda a maneira de ser e existir no mundo, com gestos, com obras, com a prática das virtudes, com a escuta e vivência da Palavra, com a fé e a oração. O cristão que ama e segue os passos do Bom Jesus deve ter o jeito de Jesus, o mesmo comportamento ou, como nos diz a Bíblia, "os mesmos sentimentos de Cristo" (Fl 2,5). Unidos a Ele formamos sua comunidade, a Igreja, seu corpo místico que atualiza e dá continuidade à manifestação de sua "bondade" em favor dos mais pobres e necessitados. Quem é bom vive a caridade! Ser devoto do Bom Jesus poderia se traduzir em ser devoto da caridade! Viver essa devoção seria viver constantemente a caridade. Esta é a marca que deve identificar a vida do devoto do Bom Jesus no mundo de hoje. Ser apóstolo da bondade e da caridade do Senhor Bom Jesus!

Nesta perspectiva, Santo Afonso propõe o texto paulino do "Hino à caridade" (1Cor 13) como roteiro de revisão de vida sobre a vivência do mandamento do amor, que se desdobra na doação e no serviço ao próximo. Pois é na vivência e na prática desse mandamento que se resume toda a Lei, como nos aponta o mesmo apóstolo Paulo (Gl 5,14). Como proposta para a revisão de vida, o texto serve para o cristão pensar naquilo em que precisa melhorar.

O Hino à caridade indica quais são as características que devem marcar as atitudes de vida de quem vive em profunda comunhão com o Bom Jesus e quer viver o mandamento do amor, como Ele o viveu e ensinou. São as características da vivência do amor fraterno!

A leitura e reflexão desse texto bíblico "nos farão compreender as virtudes em que devemos nos exercitar para conservar e aumentar em nós esse santo amor", dizia Santo Afonso (APAJC).

Cada devoto leia aqui as indicações para a reflexão pessoal, mas procure ler também o texto bíblico em sua íntegra. Ele é rico de inspirações!

Hino à Caridade
(Adaptação 1Cor 13)

1º ponto: Quem ama o Bom Jesus sabe acolher o sofrimento. "O amor é paciente"

2º ponto: Quem ama o Bom Jesus não é interesseiro. "O amor presta serviço"

3º ponto: Quem ama o Bom Jesus vive com humildade. "O amor não tem inveja"

4º ponto: Quem ama o Bom Jesus vive com simplicidade. "O amor não se vangloria"

5º ponto: Quem ama o Bom Jesus não é soberbo. "O amor não se incha de orgulho"

6º ponto: Quem ama o Bom Jesus vive retamente. "O amor não age com baixeza"

7º ponto: Quem ama o Bom Jesus não é ambicioso. "O amor não é interesseiro"

8º ponto: Quem ama o Bom Jesus é paciente. "O amor não se irrita"

9º ponto: Quem ama o Bom Jesus sabe perdoar. "O amor não leva em conta o mal recebido"

10º ponto: Quem ama o Bom Jesus vive na justiça. "O amor abomina a injustiça e se alegra com a verdade"

11º ponto: Quem ama o Bom Jesus tudo suporta em seu nome. "O amor tudo desculpa"

12º ponto: Quem ama o Bom Jesus acolhe e vive sua palavra. "O amor tudo crê"

13º ponto: Quem ama o Bom Jesus não se deixa abater pelo desânimo. "O amor tudo espera"

14º Ponto: Quem ama o Bom Jesus vive cheio de esperança. "O amor tudo suporta"

15º Ponto: Quem ama o Bom Jesus é bom e solidário com os necessitados.

"A caridade jamais passará!"

A caridade é dom gratuito de generosidade que brota do mais íntimo de uma pessoa que ama e tem fé. Não exige nada em troca como forma de compensação pela dedicação oferecida. Ela é a mais real e visível expressão do amor radical, como resposta ao amor infinitamente absoluto e gratuito do Bom Jesus. Nada do que o cristão fizer terá sentido, nos diz Paulo, "se não for por amor" (cf. 1

Cor 13,3). Portanto, "revesti-vos da caridade porque ela é o vínculo da perfeição" (Cl 3,14).

O cristão, devoto do Bom Jesus, é chamado a ser testemunha da bondade do Senhor através da vivência solidária e fraterna do mandamento do amor. Tenhamos sempre em nossas mentes suas palavras: "Vós sereis meus discípulos se fizerem o que vos mando: amai vos uns aos outros, como eu vos amei; e sereis minhas testemunhas" (cf. Jo 15,9-17).

O Bom Jesus é a imagem viva e atual da copiosa redenção que é oferecida, gratuitamente, àqueles que nele creem e depositam sua esperança!

Com fé, repitamos sempre: Ó, Bom Jesus, ouvi-nos!

"O Senhor é bom para aqueles que o procuram, sua bondade perdura para sempre, seu amor é fiel eternamente" *(Sl 99)*.